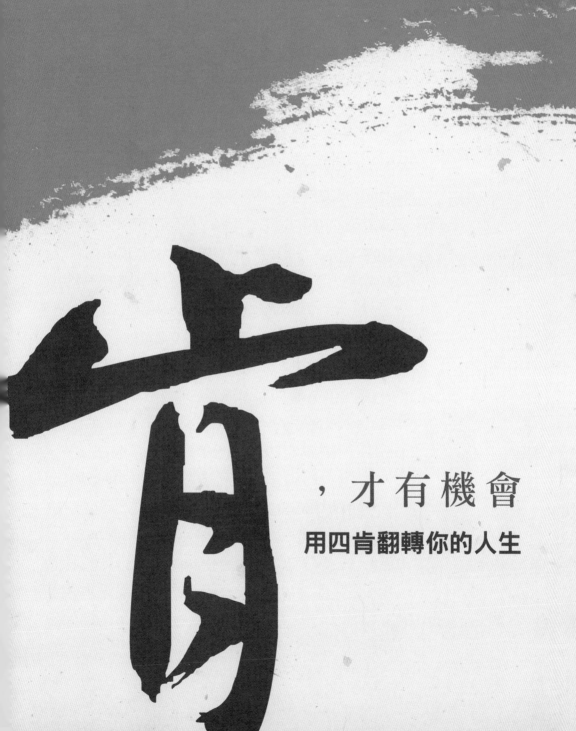

肯，才有機會

用四肯翻轉你的人生

四肯精神 全力以赴

　　2013年我應大葉大學董事長黃正雄邀請，以「全力以赴與轉動生命的水車哲學」為題，跟學生分享人生經驗。當時武東星校長告訴我，他矢志將學校打造為無處不可學習的書院，培養學生「肯學、肯做、肯付出、肯負責」的四肯精神，並力邀我擔任大葉四肯書院榮譽書院長。我個人非常認同武東星校長所提出的四肯理念，「肯學、肯做、肯付出、肯負責」並不是好高騖遠的口號，而是西方全人教育與儒家思想的集合，且相當務實，只要願意，每個人都做得到。

　　2014年大葉大學召開四肯書院教育的實踐與展望研討會，安排學生代表奉茶、獻束脩，行「拜師禮」歡迎我接任四肯書院榮譽書院長。這份情意我一直感念在心，我以書法寫下四肯書院院訓「肯學、肯做、肯付出、肯負責」，讓學校懸掛在會議廳入口，提醒學生隨時隨地以四肯為師。《肯，才有機會》一書可以看到許多大葉師生奉行四肯精神的例證，四肯精神也在校友間發酵，提供企業界正向影響。

　　人生就跟水車一樣，一半在空中、一半在水中，才能打水上來，在空中的是理想，在水中的是現實，理想與現實一定要兼顧。當年我選擇就讀師範學院，就是衡量經濟現實和升學理想的決定，我從不諱言自己是攤販之子，我感謝這樣的人生際遇，讓我體悟到全力以赴與腳踏實地的重要，也感謝機會均等的考試制度讓我完成學業，通過國家考試，一路從委任官到特任官。

　　儘管家境不寬裕，還曾因貧苦兩度休學，但父親始終支持並鼓勵我繼續念書，無形中養成我凡事全力以赴的態度。我還記得，小時候有一回家裡完全沒東西吃，父親原本想找曾向他借錢的鄰居拿錢回來買米，卻發現對方也窮到全家沒飯吃，父親非但沒有開口討債，還拆下舊錶，要鄰居快去換米給孩子吃。

　　回首過往點滴，父親所給予我的身教，正與大葉大學「肯學、肯做、肯付出、肯負責」的四肯精神不謀而合。我從政四十餘年，從基層教育局長做起，經過省政府社會處長，高雄市、台北市長，內政部長，駐日代表，考試院長，資政等職，每每在關鍵時刻擔任關鍵工作。在屏東縣教育局長時執行九年國教，社會處長時推行社會福利，台北市長時遇到解嚴處理街頭運動，內政部長時辦理政黨開放第二次選舉……，都是本著肯學、肯做、肯付出、肯負責的精神全力以赴，達成任務。欣見大葉大學出版《肯，才有機會》，把四肯精神傳播給更多人，期盼年輕朋友能細細咀嚼「肯學、肯做、肯付出、肯負責」的深刻道理，相信這份腳踏實地、不斷努力的信念，將帶給各位受用一生的啟發。

財團法人亞太文經學術基金會董事長　許水德

居之無倦　行之以忠

　　世居彰化近半世紀，原本對大葉大學毫無所知，在一個儒學國際研討會議後聽到大葉大學武東星校長暢談教育，我想一個大學會重視儒家教育，且推動雙聯學制，相當有創新教育的想法，當天回家後，立刻建議讀高職的女兒嘗試透過學測推甄大葉大學，所幸女兒順利成為大葉大學的學生。

　　為什麼大葉大學如此吸引我的目光？首先是以德國師徒制精神辦校，培育「四肯」特質的人才，透過師徒傳承與產學合作，設立「四肯書院」潛在學習場域，培養具備「肯學、肯做、肯付出、肯負責」特質的學生，此正是儒家思想「居之無倦，行之以忠」，「己欲立而立人，己欲達而達人」具體展現，當今社會已很少有學校注重儒家思想教育，大葉大學不僅要求學生學習知識，更要懂得做人的道理。

　　為營造學生「肯學」，學校提供許多獎勵，鼓勵學生參加校內外比賽，連做筆記都可參加鴻爪計畫，一來可領取獎學金，又可將筆記供學弟妹參考，在教學方面推動多元評量與適性教學，並由學校另付鐘點費鼓勵師生參與補救教學，凡功課不佳、弱勢家庭、原住民、資源班學生都可免費受惠。在「肯做」方面，特設結合業師的雙師課程，積極推動「學生全職實習」與專業證照，自102學年度開始首推「職場體驗與實習」畢業門檻，讓學生能知行合一，將所學知識研發出成品。在「肯付出」方面，鼓勵學生走出校園從事社會公益性活動，除有親善大使到政府機關或社團協助活動，還

鼓勵學生在暑假遠赴泰北志願服務。在「肯負責」上，讓我印象最深的是：學生曾為籌措偏鄉國小寒假活動經費沿街募款，學生們從活動規劃、募款、執行到活動後檢討，完全自主學習，體現「做中學」的精神，學習付出與負責。

最值得一提的是，2015年獲得師鐸獎的武東星校長，因為自身經歷清苦求學的過程，所以只要是對學生的政策都很貼心。例如，免費上英文雅思、托福班，11位外師免費一對一練習會話；免費學習電腦課程，高分通過又給予獎勵；提供學生工讀機會；公車入校園，並補助車資；首創校園APP，訊息不漏接；鼓勵學生將所學研發成商品；高額補助學生到國外聯盟學校及機構參訪以開拓視野等。所以當各大學在少子化的大環境之下，無不為招生率下降而擔憂時，大葉大學卻能連續六年正成長，可見其辦學用心。

在不斷求新求變的翻轉教育下，大葉大學在既有的教學與研發成果上，更積極推動國際化與境外招生，延聘外籍師資，加強國際交流合作，培育莘莘學子面對未來的知識與能力，這是最值得肯定與推崇的。

國立員林農工前家長會長、大葉大學學生家長　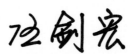

創造價值　主導機會

最壞的年代，仍會有好機會留給準備好的人！現今台灣不到30歲的年輕人多半「高學歷低薪資」，更有超過一半工作10年以上的上班族月薪不到四萬元，在低薪的職場環境中，要讓老闆為你「加薪」，就得先替自己「加值」。

不過如何為自己加值？真是一大學問！回顧職場發展歷程，確似有跡可循，在此以自身經驗與大家分享：從我升大學那年就開始打工，在校時期瘋狂投入社團及選修，像是話劇、廣播、足球校隊，還在校內、外各組一個搖滾band等，因為主動接觸不同環境，培養出多元觀點與視野。畢業後曾嘗試進入貿易公司、當過新聞記者、主播、主持人、製作人、唱片公司宣傳部經理、大學老師、餐廳老闆、企業經理人，還參選過議員等。多彩多姿的社團生活與工作體驗，讓我不但具備跨域能力，更累積無數跨界人脈好友，其中最關鍵的要素就是「Say Yes！」的做事及助人態度。

另外，正向的觀念非常重要。當我在紐約留學時，曾在第五大道路旁幫名牌服飾「Burberry」發傳單，街頭人潮洶湧，一半人會拿、一半人拒絕。但拒絕傳單的人幾乎都會面帶微笑婉拒，沒有任何一絲冷漠，這種平等對待的溫暖之情讓我深受感染，體悟除了盡可能對人「Say Yes」以外，在「Say No」的過程同樣可以給人歡喜和希望，維持良好人際關係。

當記者時，我從不拒絕更換主跑路線，因而深入採訪過黨政、司法、影劇等跨領域資訊，也讓自己在主播台上觸類旁通、

得心應手。新聞界就像職場縮影，唯有不排斥任何轉變，才有實現夢想的機會；各行各業皆是如此，抱持開放的心胸去面對改變，並主動學習，才能提升自我價值。一位不斷精進個人職能的員工，無論在哪個職場，都是老闆極願發掘栽培的對象。

在現今就業市場上，最搶手的就是跨界人才，除了專業能力，企業還看中求職者的效率、廣度與精準等特質，且要具備積極態度、團隊合作能力、助人熱情和不排斥學習新知等軟實力。

大葉大學的四肯精神「肯學、肯做、肯付出、肯負責」，跳脫學院派的制式教育，教導學生努力學習專業能力，也要累積實務經驗，並關心生活周遭的人事物，思考自己如何付出才能貢獻社會。在此建議大學新鮮人，從大一就要開始準備起跑，妥善運用七個寶貴的寒暑假期，尋找符合興趣的實習機會，盡量先到有規模的公司，不要排斥基層工作，藉由不斷付出，去觀察企業主需要什麼人才，進而補強自己的不足。有機會就要多嘗試，即使失敗，也能從中學習教訓與經驗，幫助自己盡早了解職場生態；累積實務經驗，就能比別人早一步順利卡位。

最後以「創造自我價值，就是機會準備的起點」這句話與大家共勉！期盼大家在學生時代做好最健全的準備，進入產業必能成為「職場贏家」。

1111人力銀行副總經理

CONTENT
目錄

開創—歡迎來到學習樂園

肯學

四肯精神，創新治校！
前店後校、前校後廠，連續八年教學卓越大學，
E化服務、公車入校，貼心設計讓學生猛按讚。

培養扎實的
社會學習能力

以實作培育優秀大葉人

20多年前，位於彰化八卦山腳下的大葉大學，因地處偏僻，人煙罕至。隨著少子化海嘯來襲，國內大學面臨生源劇減的危機，大葉大學卻因辦學績效卓著，學生人數逆勢成長，更從98至105學年度，連續八年獲得教育部教學卓越計畫補助。

而大葉大學辦學的祕訣，就在於「肯學、肯做、肯付出、肯負責」的四肯精神，對學生、家長與社會負責。

全職實習讓學生體驗職場生活

2010年武東星校長上任後，提出「念大葉、好就業、就好業」的辦學目標，除了強化基礎通識與專業學科之教學輔

大葉大學舉辦教學卓越計畫成果發表會，學生一同熱情參與。

大葉大學教學卓越計畫成果展，老師們分享教學經驗。

導，並透過師徒制、服務課程、職涯輔導等，培育學生基礎、專業、實務等三大核心能力。

　　為培養學用合一的大葉人，校方訂定「職場實習暨體驗辦法」，自102學年起推動職場實習暨體驗，並納入為畢業門檻，使學生在校期間即能充實職場經驗，實踐「理論與實務並重」、「做中學」的真諦。

　　資訊工程學系輔導學生爭取到台灣微軟公司實習，就是一個很成功的實例。「台灣微軟未來體驗計畫」每年只有100個名額，資工系同學郭岷源在四、五千人中出線，於大學及研究所各參加一年的全職實習。

　　郭岷源非常感謝系上推行全職實習，「這是一個很棒的實習機會，以前以為自己只能寫程式，實習期間除了撰寫程

式、設計APP，也經營部落格，還擔任雲端平台的講師，發現自己的潛在能力，更感受到不同的組織文化氛圍。」

另一位資工系碩士生吳佳翰，大學期間也曾到微軟實習一年，因為做事認真、負責、努力學習，就讀研究所時被微軟留用為工讀生，參與技術支援、架站，及程式開發等工作。吳佳翰說，「全職實習讓我提早進入產業，在微軟認識很多不同背景的人，學習到工作態度，也更深切了解到業界人才所需具備的能力。」

產學共構幫助學生接軌產業 學以致用

為了縮減產學間人力供需落差，有效解決專業人才需求，自102學年度起，大葉大學推動與特定策略聯盟產業共同規劃「產學共構就業學程」，培育具備學習力及產業DNA的人才，使每一位修畢學程的學生都能百分之百就業。而至104學年度，所有學系皆已打造產學共構就業學程，學程效應持續發酵。

材料科學與工程學系就是典型的例子，與多達13家企業簽約，共同培訓學生，包含美律、佳承、彰基等，結合生物產業科技學系、護理暨健康學院之醫療器材設計與材料學程的師資，進行跨領域「電聲與醫療產品設計」產學共構就業學程，培養具備電聲與醫療產品設計的專業人才。

材料科學與工程學系所鑽研的大葉揚聲器，於2014年連獲三金，包括東京創新天才發明展、台北國際發明展與烏克蘭發明展；2015年日本東京創新天才發明展再度奪金。材料系學生涂哲維從大二起，跟隨材料系兼醫材學程主任賴峰民

從事揚聲器研究，為了測試揚聲器效果，常撿拾不同尺寸的紙箱當音箱，比較聲音效果，他很開心能獲得金牌肯定，也為大學生活留下很多難忘的回憶。

應用日語學系推動的日語服務產業產學共構就業學程，也很受學生歡迎。2014年參與全職實習學生有16位，其中2人赴日本沖繩南西休閒飯店實習一年；2015年全職實習學生更高達31位，其中7人赴日本南西樂園觀光飯店、水明館、桂川、志賀レークホテル等處實習。

2015年赴南投日月行館實習的黃文怡及呂依萍同學，因表現優異，實習完畢後獲企業留用，月薪升至30K；於圓山飯店實習的陳奕良同學也獲留用，服完兵役後前往該企業任職。到日本實習的許皖亭同學說，與日本客人接觸過程中，慢慢能理解需求，「因為幾乎都沒休息，也學到挑戰自己身體的極限，每天最放鬆的時候就是洗澡，回想起來也覺得自己挺屬害的！」

大葉大學資工系學生吳佳翰（右二）、郭岷源（右三）到台灣微軟全職實習，他們優秀的表現讓工學院陳文儉院長（右一）與有榮焉。

大葉大學企管系主任徐傳瑛（右一）到王品集團西堤牛排餐廳，探望全職實習的蘇柔芳同學（左二）。

大葉大學財金系鄭孟玉助理教授
開設免費線上課程「財務會計—
基礎篇」。

教與學零距離的
大葉磨課師MOOCS

為了讓教師能持續精進教學技能與品質，大葉大學
推展創新的數位應用環境及學習模式，配合滑世代使用
行動裝置的特性，拉近教與學之間的距離，擴展學生的
創新思維與學習興趣。

大葉大學的磨課師（MOOCS）線上學習趕上全
球流行，例如，由鄭孟玉、李城忠及李淑如三位老師，
共同規劃錄製的磨課師課程「財務會計—基礎篇」以及
「台灣文化旅遊」，頗受好評。

鄭孟玉老師說：「磨課師課程沒有年齡限制，各種
背景的人都可以參加，課程絕不能照本宣科，而要思考
學生需要什麼。」數位課程的積極發展，使學習更具彈
性，也讓教育資源更能妥善用於學生身上，豐富多元的
各種學習、活動及競賽，使學生的學習管道更為寬廣。

大葉大學機械與自動化工程學系的實務導向課
程，幫助學生和產業接軌。

大葉大學觀光系與東南旅行社產學合作，校內
成立實習旅行社（右三雷文谷主任）。

顛覆傳統 打造學校與企業橋接機制

　　現在大學文憑普及化，大學不能只鑽研高深學術，還必須落實照顧學生的未來。大葉大學以「理論與實務並重」的精神，提出「創新治校」策略，打造「生活實驗園區 Living Lab」，在校園內規劃教學場域、實習場域、創業場域，讓大學與社會接軌。更建構「前店後校」、「前校後廠」的學生職前訓練平台，在瀕臨馬路的學校建築旁開店，販售師生研發的產品或食品。另成立「太陽能玻璃實驗工廠」，生產材料系老師研發的太陽能玻璃，為學校開闢財源。

　　為達成「念大葉、好就業、就好業」的目標，校方持續打造學生在學校與企業之間的橋接機制，透過「深耕產學」策

協助孵育　創新提案　——生活實驗園區　特色實驗基地——→　新創公司
　　　　　　　　　　　協助創新創意育成方案

直接推動　特色實驗室　——創投公司　技術團隊——→　衍生企業
　　　　　　　　　衍生企業培育方案　產學連攜培育方案

略及「開創深根大葉生活實驗園區—顛覆傳統教學、打造學悅創新模式」創新思維，逐步實施行動計畫。這項計畫也獲得教育部核准與支持。

在協助孵育創新提案發展新創公司方面，主要藉由「生活實驗園區Living Lab」及「特色實驗基地」，協助師生將創新構想具體化成技術或商品，再推動「特色實驗室」發展衍生企業。

第一項創新作法為「結合校外指標性企業共同籌設創投公司」，擇優投資有市場競爭力的特色實驗室；第二項創新作法則是「產學連攜合聘教師推動方案」，允許實驗室主持人帶職帶薪、帶學生，再籌組技術團隊，發展成為衍生企業。

大葉大學成功研發植物工廠種哈密瓜。

體驗創新實驗 為學生未來做準備

大葉生活實驗園區是將「以教學為主的特色教學實驗室」，轉換為「以體驗創新為主的生活實驗室」。校方投入資源建置軟硬體，不斷擴充實驗基地各種模擬、測試與教育訓練功能，多樣化的生產設備及製造流程，可大幅度提升學生教學與實務並重的技能；並以實際的「創意產出」為標的，尋找未來新創事業的機會。

以Living Lab的生活實驗精神為主軸，聚焦在實際校園環境中，加入企業運行模式與使用者真實體驗，並融入共同創造（Co-Creation）、探索（Exploration）、實驗（Experimentation）及評估（Evaluation）等四大元素，將以教學為主的院系特色教學實驗室，轉換為以體驗創新為主的生活實驗室，應用跨領域概念，共聚為生活實

驗園區。

　　利用校園各實習場域，學生可以模擬進入社會工作的情境，體驗各行各業的真實樣貌，作為職涯選擇參考。104學年度共核可五件：中西餐實習教室、多媒體數位專業教室、創意暨精密製造實驗室、藥妝經絡特色實驗室、金屬工藝工作室。

　　透過「生活實驗園區」的孵育機制，學生必須學習面對消費者，也能獲得終端消費者最真實的回饋訊息，在教師指導下，不斷改進產品設計並測試品質，努力達到消費者的要求。這樣的過程，從創意發想、產品設計成型，到面對消費者的滿意服務，讓學生從實踐中學習經驗，降低畢業後就業

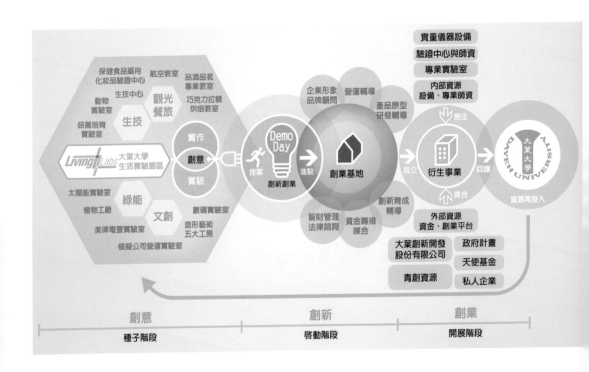

或創業的風險。

　　校方也導入「新創企業、創新育成」的整合輔導，協助學生團隊解決初期建構事業的困難。實驗基地的運作核心人員由校方教研人員及行政人員組成，除了提供學生良好且完整的教育訓練及廠務實習經驗，更能吸引校外資源開啟產學合作，累積足夠的智能技術。

　　「特色實驗基地」也執行各項前瞻性研究計畫，或開發各種未來型產品。學生在協助執行前瞻研究工作上，可以學習探索未來科技或事物的創意發想、3D模擬、實體產品創作成型等技術，並將研究成果進行商品化功能測試及規格驗證等，學生可以學習獲得類似產業界垂直整合的研發暨製程技術，有利於建立多元或跨領域整合能力，提升就業競爭力。

多元實習機制 培育大葉人多方發展

　　大葉大學不斷充實「生活實驗園區Living Lab」及「特色實驗基地」橋接產業的功能，目前合作的產業非常多，包括生物科技、綠色能源、觀光餐旅、文化創意等一百多家知名業者，都有意願提供學生學習與實習機會。

　　生活實驗園區不僅滿足校園自行開發生產產品的需求，也吸引校外資源投入開發或試量產創新創意產品，更提供學生在校外學習實習的場所，使學生上課形同體驗進入職場上班。透過業師及產學研合作的協助，讓學生獲得產業面的經營建議，縮小教學與實務的落差，培育出具有實作創意精神的未來人才。

「大葉淳品選物」網
路購物平台，販售沒
有化學添加物的良心
食品。

大葉大學實習機制多元，包括短期實習與全職實習，加上
產業界提供包括研發、生產、品管、銷售及店鋪櫃員銷售的
實習機會，機會十分充沛。在此基礎上，大葉更在學校附近
的商圈建立學生實習商店及網路商店（大葉淳品選物），讓
學生從銷售商品的選擇、銷售及進銷存管理，學習獨力作業
的能力，並透過體驗最真實的創業生活，學習建立最扎實的
創業能力。

激發創意的創業型競賽

此外，大葉大學經常舉辦創業型競賽，激發學生創意發
想的萌念與動力。2011年起舉辦「創新實務專題競賽」至
2015年已連續四年，參賽隊數由第一年的50隊逐年成長至
2015年的121隊，進入決賽的隊伍經業界評審審查後，選出

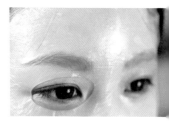

優秀的競賽團隊，並鼓勵同學至校外參加三創（創意、創新、創業）競賽或微型創業，透過專題競賽過程提升實務能力，學習如何發揮團隊力量，成效顯著。

「學生微型創業創新競賽」則徵求具創意創新的微創業企畫書，從中挑選前三名與佳作給予獎勵，並針對優秀獲獎隊伍深入輔導，透過指導老師帶領同學執行其企畫，提升學生創業能力。校方更於2015年斥資750多萬元，建置創業辦公室，提供學生完善的創業辦公環境，由學校及校友共同補助獲獎同學創業基金，協助學生一圓創業夢。

大葉大學的生技中心，研發多樣款式的保溼面膜。

生科系同學李坤緯分享微型創業心得說，「微型創業計畫是一個全新體驗，創新到創業，經歷從無到有的過程，讓我從中學習應如何生存在這個新時代，套一句指導老師說的話：『創業非常辛苦，沒有Guts就不要參加！』這句話意義深遠，讓我清楚了解創業成功的人，要膽子夠大、堅持、腳踏實地，成功路途才會更加踏實。」

學生透過親身體驗與實踐過程，可以獲得非常重要的經驗，對將來就業與創業能力的養成，產生直接助益。大葉大學透過創新轉型的實務實習教育，建立了提升學習動機與學習成效的典範模式。

在校方積極推動下，與產業界結合的長期且系統性的校內教學，以及短期專業性業界實習，讓學生將理論與實務獲得實際印證，也讓產業提早檢視學校培育的專業人才，使大葉人才培育更能符合產業界的需求。因為「肯學、肯做、肯付出、肯負責」，大葉大學的辦學績效得以迎向未來。

攜手各界菁英
建立四肯典範

打造四肯書院 讓學生好就業 就好業

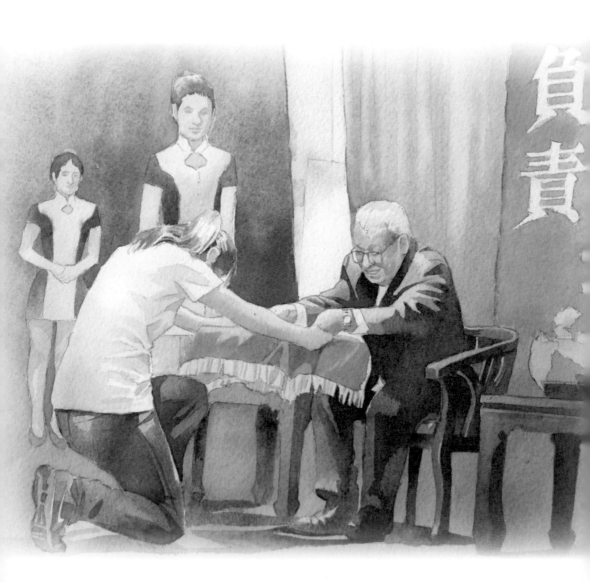

　　走進大葉大學國際會議廳前，必然會被入口處一幅蒼勁有力的書法匾額所吸引，那是四肯書院榮譽書院長許水德博士親筆題下的院訓，鼓勵學生實踐四肯精神。

　　出身攤販之家，許水德博士一路苦學，為自己開創不平凡的人生！他曾歷任駐日代表、高雄市長、台北市長、內政部長、考試院長等職務，可說是四肯精神的最佳典範。因此，大葉大學特別邀請許水德博士擔任四肯書院榮譽書院長，並由學生代表獻上束脩、奉茶，行隆重的「拜師禮」。

　　許水德博士認為，求學階段是很珍貴的時光，「肯學、肯做、肯付出、肯負責」的院訓，其實正提醒著學生們，在學期間不只是把書讀好，更要學習人際溝通、培養社會關懷與責任感，「具備四肯精神，凡事全力以赴，盡力把事情做到完美，自然能為自己成就不一樣的未來。」

　　許水德博士在「拜師禮」當天，與同學分享自身奮鬥的心路歷程，他從基層做起，受長官看重而接任多項職務，但沒有一項是靠檯面下爭取來的，「做事情不一定會被看到，但無形中大家都會知道。長官會觀察員工，提拔那些默默工作的人，讓員工適才適所。」許水德博士勉勵同學，學習是一輩子的事，不僅要終身學習，還要終身付出，兼顧理想與現實，實踐大葉人「手腦並用」的精神。

　　而大葉大學的武東星校長也因此親自頒贈「敦聘證書」給許水德博士，他認為許水德博士的兩本著作《全力以赴》與《轉動生命的水車》，當中有很多真知灼見，與四肯精神不謀而合，武東星校長希望學生們能向許水德博士看齊，凡事全力以赴，自然會有收穫。

大葉大學榮譽書院長
許水德（中），與四
肯典範陳錫堯校友
（左）、武東星校長
（右）座談。

運用肯學 肯做 培育搶手大葉人

　　大葉大學定位為「產學導向之綜合大學」，共分為工學院、管理學院、外語學院、設計暨藝術學院、生物科技暨資源學院、觀光餐旅學院、護理學院等七大學院，104學年度學生人數共11,891人、教職同仁583人。除了營造優質學習環境外，更實施雙導師制度，提供優渥獎助學金，辦理學生學習成果競賽等，目的在於培養基礎能力、專業能力，以及實踐能力等三大能力的「肯學」大葉人。

　　除此之外，大葉大學連續三年通過教育部「優通計畫」總件數全國第一，所有通識課程都注重學生全人素養的養成，不少系所的專業課程也和品德教育相關。學校一方面將品德

教育多元化融入正式課程中，深化品德教育課程內涵，另一方面以多元創新方式將品德教育納入非正式課程，藉由「書院夜談」、「經典讀書會」、「文化月」等活動，營造具品德氣氛之優質校園文化。

從1990年創校以來，大葉大學秉持德國式辦學理念，實施「師徒制」的教育模式，理論與實務並重，將產學合作訂立為最重要的工作目標。「師傅」要負責「徒弟」的生活、學習及選課的指導，帶領徒弟進入專業領域的殿堂。

近年來，大葉大學積極推動大四全職實習方案，並與全國多家知名廠商企業結盟，期能結合長期系統性的大學教育與短期專業性的業界實習，使人才培育符合業界需求。

值得一提的是，扣除繼續進修的同學，大葉畢業生可就業率高達92％。能有如此成果，是因為學校自大一開始就為

大葉大學與彰化縣政府共同舉辦「彰化縣產業升級生產力4.0論壇」。

同學安排職涯導師，讓同學在求學過程中能更深刻地探索自我，釐清自己的職涯性向，及早準備未來就業所需能力。學校種種努力，也造就深受業界好評的「肯做」大葉人。

以公益與服務 展現肯付出精神

「求學不是為了追求文憑的光環，應該抱持感恩、謙卑的心回饋社會。」武東星校長說，校方要求每位同學每學期都要參加一項公益活動，期能透過實際參與，培養同學「肯付出」的服務熱忱和生命態度。

例如，學務處推出同學服務學習課程，每位同學在大學四年期間，可以選擇校內、社會或擔任國際志工，志工服務時數要服務50小時。體育室連續三年辦理寒假體育育樂營，免費提供國小學童參加，希望透過體適能訓練相關活動，增進學童運動能力，讓小朋友們可以快樂做運動，健康過生活。

師資培育中心學生組成的「蒲公英服務隊」，長期協助學習弱勢家庭孩童課後輔導，不只幫助小朋友們加強學科基礎能力，更引導他們找回學習的興趣和信心。休閒事業管理學系則一連三年協助弘道老人福利基金會寒冬募款活動。此外，休閒系學生也利用寒暑假擔任義工，和彰化縣各鄉鎮小學、基金會合辦營隊，給小朋友一個不一樣的假期。這些都是學生積極投入公益活動的例證。

另一方面，學校的服務性社團多達17個，每年持續投身社會公益，發揚公益大葉的實踐。像是新興社團動物保護社，雖然僅成立二年，但已是眾所皆知的社團。社團從「認養代

替購買」的推動，到投身於中小學的孩童教學，培養孩童成
為動物小博士，在中小學的校園當中，落實正確的動物保育
觀念。

「飛羽羅浮群」則是秉持著「反哺」精神的童軍團隊，
不管在中小學的營隊推動或是童軍智仁勇實踐，都受到相當
大的肯定，而每年的康輔研習營更是同學爭相報名的大型活
動，透過活動也讓許多社團習得康輔技能，運用於本身的社
團經營上。

大葉大學推動公益活動的努力，以及培養學生服務精神
的用心，也讓學校在品德教育學校徵選中脫穎而出，獲選為
2012年教育部中區品德教育特色學校。

服務學習不只能幫助社會，更是學生探索自我可能的舞
台。華碩公司業務總經理林福能有一次出席產學結盟活動
時，即曾對大葉的「師徒制」表達肯定。林福能說，「品牌
就是企業對消費者的承諾，就像大葉大學『創意第一、品質
優先』的教學理念，『最佳企業夥伴』的教育定位，培育出

「史懷哲計畫」蒲公英服務團隊們為來自單親、
新移民家庭的學童舉辦「FUN暑假」夏令營。

大葉大學動物保護社，透過展覽呼籲大家尊重
生命。

符合企業需求標準的優質學生，對業界而言，就是『肯負責』的最佳保證。」

除了以公益服務展現大葉人肯付出、肯負責的精神之外，在大葉大學積極營造四肯精神的學習環境下，還有許多學生努力挑戰自我、揮灑青春歲月，在人生的舞台上發光發熱！以下分享三個精采的大葉學生案例：

案例一：盲生黃靖茹畫出生命美麗色彩

大葉大學休閒事業管理學系碩士生黃靖茹視力近乎全盲，卻不改樂觀進取的態度，在大學期間，她不僅帶營隊、做串珠、為偏鄉送物資，還提筆作畫，獲頒財團法人周大觀文教基金會「第18屆全球熱愛生命獎章」。

大葉大學盲生黃靖茹同學開畫展，用蝸牛比喻自己一步步地往上爬。

碩士班畢業前夕，黃靖茹在學校舉辦個人畫展「用心看世界‧生命有奇光」，展出32幅作品。其中一幅畫作「尋找夢

想的蝸牛」，闡述她失去視力後，花了很多時間學習放下看
不見的限制，就像蝸牛一樣，一步步地往上爬，追尋屬於自
己的夢想。

黃靖茹從小就喜歡畫圖，但因為罹患青光眼導致視神經
萎縮，國小六年級後幾乎完全看不到，從此停下畫筆。為了
不依賴家人，選擇離開台北家鄉到大葉大學就讀，靠著自己
的力量探索世界。她很高興當初沒有選錯學校，感謝大葉大
學的老師和同學一路扶持她，協助她體驗泛舟、藝術創作等
活動，讓她覺得自己和平常人一樣，可以做很多有意義的事
情，更「有一種美夢成真的感覺！」

為此，休閒系林擎天老師說明，黃靖茹是他教書生涯第一
個遇到的視障生，她無論是寫報告還是上台都很認真，勤學
態度堪為典範，在指導過程中，也豐富了他自身教學經驗。
他很開心能夠看到黃靖茹如願念完研究所，祝福她可以一圓
教師夢，幫助更多視障朋友。

案例二：扶英計畫帶領孩童快樂學英文

大葉大學英語學系從2004年開始推動「扶英計畫」，協
助弱勢家庭孩童學英語，是英語系最具代表性的公益活動，
傳承至2016年已超過12個年頭。

英語系鄭冠榮主任，說明「扶英計畫」一方面幫助弱勢家
庭孩童學習英語，讓英語教育向下扎根；另一方面，結合兒
童英語教學相關課程，提供學生累積實務經驗的機會，同時
學習如何發揮自己的力量，回饋社會，進而從中體驗公益的
價值。

2015年，就讀英語系的學生吳政儒，在大一時被賦予「扶英計畫」的總召任務後，他開始思考如何提升自己的能力，如何把自己的知識、用大家都聽得懂的方式教給別人。

吳政儒曾在耶誕節來臨前，將「扶英計畫」的課程特別融入耶誕元素，利用歌曲、故事及戲劇等形式，帶領小朋友認識與耶誕節有關的英文單字。當收到小朋友的感謝卡時，他覺得感動萬分，「參與扶英計畫，讓我學到理論與實際的結合，以及團隊領導、人際溝通等能力，自己好像一夕之間突然長大了。」

案例三：榮獲設計獎項 大葉學生閃耀國際

大葉大學英語系「扶英計畫」到陝西國小服務。

秉持四肯精神，就會對生活周遭有更細微的觀察，並提出解決之道。

像是大葉大學的工業設計學系學生許姿屏、洪于涵合作的作品「Bath Chair」，為高齡長輩設計可變化為浴缸的沐浴椅，打敗489件作品，榮獲2015年「德國百靈校園設計大賽」第一名。

大葉大學英語系學生到陝西國小，免費教小朋友學英文。

許姿屏說明設計發想緣由，是因為自己的爺爺常為沐浴困擾，因此產生靈感與洪于涵一起創作。有別於市面上輔具型的沐浴椅，「Bath Chair」可將沐浴椅變化成浴缸，更便利解決長輩因行動不便所產生的生活問題。能夠在畢業前獲得這項榮譽，許姿屏覺得很感動。

此外，旺旺中時媒體集團主辦的「第24屆時報金犢獎」，視覺傳達設計學系學生石珉竹、何家宇、汪均宇、吳怡瑩、侯淑華、潘晨、吳千意、曾雅萱、曾冠捷、李姮蓉，奪得電視類「金犢獎」及最高榮譽「年度最佳金犢獎」與平面類金犢獎入圍。其中，「想想，下一袋」廣告影片，以公益環保

大葉工設系學生許姿屏（右二）與洪于涵（右三）合作設計「Bath Chair」沐浴椅獲得德國百靈評選第一名。

張以理、邱彥瑋、王俊文（由左至右）三位同學設計的作品「摩天輪書櫃」，在2014年新一代設計展同時贏得產品設計類競賽獎銅牌和特別獎「五行創藝設計新人獎」。

關懷議題，從兩岸19,281件學生作品中勝出，獲得兩岸共同
矚目的最大獎。

拍攝團隊成員之一石珉竹，表示能夠獲得兩岸的高度肯
定，對她的學習之路是非常大的鼓勵，也更堅定自己未來
從事影視行業的信心。她也感謝指導老師鄧婉玲與林淑芬
對於公益環保議題的關心，讓同學們受到潛移默化，開始
關注生活環境，深入市場拍攝塑膠袋使用過度的現象，希
望能透過所學專業，讓社會看見問題並得到省思，一起守
護地球。

設計暨藝術學院黃俊熹副院長，認為設藝學院教學多元、
師資精良，不僅激發學生們無限的創意設計潛能，更教導學
生透過設計專長來關心社會、回饋大眾。設藝學院支持並鼓
勵學生在學時期多方參與國際級活動，鍛鍊自己在全世界的
競爭環境裡，累積豐厚的實務經驗，成為設計界的領航人。

武東星校長表示，「一個肯付出的學生，一定是一個肯
負責的人。」未來將持續深耕「四肯書院」的學習環境，朝
向國際級「企業夥伴型大學」目標邁進，期許不只是讓學
生「好就業」，更能「就好業」。希望在多元學習活動導
引下，培養學生成為創意的（Creative）產業人才、競爭力
的（Competitive）現代國民、合作的（Cooperative）工作夥
伴、關懷的（Caring）世界公民，創造學校、學生和社會三
贏的願景。

大葉生活
超方便

校園e化服務 網絡師生情感

　　國內許多大學為了吸引學生入學，常標榜硬體設備新穎，但在大葉大學的校園裡，除了看得到的實體設施之外，更存在著周延綿密的e化服務數位網絡，舉凡學生選課、學習新知、查閱成績、搭大葉社區接駁車、校外租屋、找工讀、實習機會等需求，全部「e網打盡」，讓所有大葉學生可以在任何時間、地點，隨時對於生活大小事提出問題或意見。

　　多年前，大葉大學就已經在著手打造e化服務數位網絡，武東星校長對於這方面相當重視，「雖然如何建構專門針對大葉本身需要的資訊系統，並無前例可循，但是基於推廣四肯教育的立場，學校更應該以身作則，秉持『肯學』的精神，開拓出一條可行道路。」

　　因此，在積極推動「肯學、肯做」的精神之下，目前大葉大學已陸續建置完成數十個資訊系統，以下是學生在校園生活方面常使用的五項e化服務。

一、LINE@大葉生活圈 解決生活大小事

　　時下最熱門的LINE行動通訊平台，不只能用來聯繫人際關係，也可以把學生通通拉進來群組當中。「LINE@大葉生活圈」是校方建立的大葉行動官網，讓同學可以隨時隨地向學校各行政部門及老師反應問題，並由專人快速回覆與解決，服務類似台北市政府專門處理市民投訴的1999專線。

　　「LINE@大葉生活圈」平台於2015年1月成立，加入成為好友的學生，如果對校園任何地方及設備故障或有建議意見，都可隨時拍照或打字上傳，校內總務處、教務處、體育室等多個處室組成的後台服務團隊，就會立即回覆或安排修繕。

加入LINE@大葉生活圈，可以幫助大葉同學解決校園生活中的大小事。

至2015年12月，已有超過4,000名學生加入「LINE@大葉生活圈」，是目前全國大學第二大服務平台，平均每月約有上百件發問或諮詢要求。學生反應的問題類型多元，其中以校園設施故障叫修最多，例如燈管燒壞、水管漏水、空調不冷、宿舍冬天熱水不夠熱等。

就讀大葉機械系碩士班的林昀宣分享使用經驗：「實驗室屋頂曾經漏水，為了保護實驗器材，我嘗試用LINE反應，結果檢修職員馬上來查看，並約定修理時間，讓我感到很放心！」另外，曾有同學在「LINE@大葉生活圈」詢問獎學金如何申請？隔沒多久，手機就收到完整答覆。

　　「LINE@大葉生活圈」一共有15位管理員，他們各自代表
一個服務單位，所以實際上每個行政部門都投入其中一同服
務學生。自從學校設置「LINE@大葉生活圈」後，行政同仁
們除了日常例行的工作之外，還必須24小時注意與接收同學
訊息。雖然同仁們的工作負擔比以往重，但可以隨時掌握校
園動態，並且滿足學生的需要，感受到他們的滿意與謝意，
同仁們還是得大於失。

二、行動大葉APP 首創校車即時資訊服務

　　為了提供學生全方位的照顧，大葉大學電算中心與中華
電信聯手開發「行動大葉APP」應用程式；並與員林客運合
作，推出全國大專校院首創的「校車即時資訊服務」，提供
校園巡迴車所在位置及預計進站時間。

聯合報在2015年5月
21日以專文報導大葉
大學推行LINE@大葉
生活圈服務的故事。

住在學校宿舍的學生黃姿螢，分享她的使用心得：「我幾乎每天都會搭乘校園巡迴車，行動大葉APP讓我節省提早到站等車的時間，再也不用擔心會錯過班次。」此外，行動大葉APP還能隨時查課表、請假、公告、工讀等訊息，非常貼心、方便。

行動大葉APP下載人次已超過3,000人，主要功能包括MyDYU（個人資訊）、校車資訊、招生資訊、最新消息、系所簡介、認識大葉、校園影音、葉生活、交通指引、線上藝廊與校園安全等。其中，「葉生活」提供校內外「食醫住行育樂」等訊息，師生可輕鬆查詢鄰近地區的小吃、醫療機構、租屋、交通轉運站、學習空間與休閒場所等。

另外，藉由智慧推播功能，行動大葉APP將校園最新消息，在第一時間推播至學生手機，讓學生隨時掌握自身權益相關訊息。當學生在校外發生緊急事件時，也可透過緊急求救功能，尋求師長的協助。

大葉大學武東星校長（後排左三）、中華電信彰化營運處蔡瑤卿總經理（後排中）、員林客運黃錦生總經理（後排右三）共同發表「行動大葉APP」正式啟動。

大葉大學推出「行動大葉APP」，讓學生可以透過行動裝置，隨時掌握食醫住行育樂等相關訊息。

三、行動APP導覽生態步道 體驗綠色校園

大葉大學坐落於參山國家風景區的八卦山，擁有豐富的生態資源，走進依山坡地地形興建的校園，沿景觀步道而行，美景在眼前展開。漫步櫻花步道，不只可見上百棵山櫻，還有竹柏、黃金榕、水黃皮、洋紅仙丹花、台灣肖楠、苦楝、桃花心木、咖啡等植物，多樣性生態環境，吸引昆蟲與鳥類棲息。

在2013年24週年校慶時，校方啟用綠色校園生態導覽系統，讓民眾造訪校園時，可透過行動大葉APP或是掃描QR code行動條碼，欣賞校園各景點的生態導覽影片，身歷其境地認識環境與生態。

當時的彰化縣縣長卓伯源指出，大葉大學是中部第一所獲得「環境教育機構」雙項認證的大學，很高興看到校方建置生態步道行動APP，運用科技能量來推廣環境教育。

武東星校長希望透過生態步道行動APP，結合休閒旅遊、生態教育以及現代科技，打造兼具科技便利與生態相結合的綠色大學。未來，學校將以過去的綠色成果為基石，串聯起大葉大學的綠色校園和彰化特色景點，成為中台灣最閃耀的田園科技城市。

除了生態步道行動APP，大葉大學還準備了校園賞櫻路線圖，讓民眾感受綠色校園之美。

四、校外租屋安全認證 共同守護學生

隨著學生人數逐年成長，大葉大學校外租屋需求不斷增加，學校以學生安全第一為考量，每年都會聯合員林分局村上派出所和大村消防隊，推動「校外租屋安全認證」，守護學生的住宿品質和安全，目前約有3,000個校外宿舍床位通過安全認證。校方並同步建置「大葉校外安全租屋資訊

網」，提供給有租屋需求的同學使用。

學務長黃娟娟補充說明，10床以上的租屋處，學校會以彰化縣政府的租屋安全認證為標準，協同警消進行安全檢查。檢查項目包含出入口及樓梯、瓦斯熱水器排氣設備、滅火器、停電照明裝置、出口標示燈、門禁裝置、監視器等，再根據檢核結果評定為一到三顆星。

環境工程學系學生黃昱銘非常開心有校外租屋安全認證，「它讓學生找房子時不會像無頭蒼蠅一樣沒頭緒，也不會受騙住進有安全疑慮的地方，而且師長每學期都會訪視校外租屋，加上安全認證每年檢測一次，住起來安心，家人也放心。」除了校外租屋安全認證，學務處生活與住宿輔導組還推出全國首創的專人帶學生看屋服務，協助學生和房東接洽，非常貼心。

大葉大學武東星校長向與會貴賓介紹生態步道行動APP。

大葉校外安全租屋資訊網以彰化縣政府的租屋安全認證為標準，為學生的安全把關。

五、「Yeh's 168」大葉專屬人力銀行平台

　　除了滿足學生在學時期的需求，大葉大學的服務網絡更延伸到畢業生與校友。為了協助大葉人求職，校方於2015年5月建置專屬人力銀行平台「Yeh's 168」，一啟用即吸引近50家企業加入，包含製造業、科技業、服務業、餐飲業、金融業、補教業與軍教公部門等，顯示企業主對於大葉大學辦學貼近業界需求的肯定。

　　「Yeh」是校名「葉」的英文，「168」是學校的門牌號碼。藉由這些與大葉大學高度連結的英文和數字，幫助學生記憶，找工作就想到「Yeh's 168人力銀行平台」；企業主求才到「Yeh's 168」，公司經營也會一路發。

　　2011年首屆來台攻讀大學學位的陸生、大葉大學會計資

大葉大學專屬「Yeh's 168人力銀行平台」正式啟動（左二洋風副代表，左四廖清輝副分署長，右四武東星校長，右三劉美德總會長）。

訊學系同學鄭子洵，就是透過「Yeh's 168人力銀行平台」，讓他有機會認識各行各業的情況。此外，他曾到中區國稅局實習一個月，經由協助民眾報稅的現場實務，讓他對會計與稅務有更多了解。台灣經驗對他的就業競爭力具有加分效果，對未來求職也很有信心。

「Yeh's 168人力銀行平台」除了刊登全職工作，還為在學學生提供實習與工讀機會，另有求職需知、職場達人經驗談等，幫助大葉人求職面試更得心應手，順利就好業。

無遠弗屆的大葉大學e化服務網絡，不僅扮演學生的學習幫手、生活秘書，更幫助初來乍到的大一新鮮人與僑外生，消減對異鄉的陌生感、不安全感。取而代之的是濃濃的親切感，學生們因而也對大葉校園產生了「家」的感覺。

大葉大學「Yeh's 168人力銀行平台」可以幫助學生輕鬆找到工作與實習的機會。

打造完善的
大葉交通動線

推動公車入校　建設景觀電梯

　　大葉大學坐落於八卦山麓之中，校地面積廣達30公頃，風
景秀麗、美不勝收。由於學校位於郊區，大眾運輸不如大都
市便利，在早期階段，學生上下課多以機車、腳踏車代步，
然而因學生人數眾多、機車也多，但學校聯外道路交通流量
非常大，事故時有所聞。

　　武東星校長率領的行政團隊，不願僅以最常見的「加強交
通安全宣導」方式安於現狀，他們秉持著四肯精神的態度，
認為辦學者有責任提供學生一個安全、舒適、便利的求學環
境，也認為減少學生騎乘機車的機率是改善交通問題的首要
關鍵。

　　經過縝密規劃後，學校自101學年度起，每年投入上千萬
元經費，結合校園巡迴車等資源，分階段推動「六車共構」
交通網計畫，鼓勵學生搭大眾運輸工具，取代「肉包鐵」的
機車。首年即在教育部、交通部主辦的「101年度交通安全

大葉大學開辦便利安全的「525學生專車」。

教育評鑑」脫穎而出，名列大專組第一名，獲得最高榮譽「金安獎」的肯定。

六車共構交通網，以大葉大學校區為中心點，針對學生在校內各院區間的交通，與校區往返學校周邊社區、員林市區與火車站、彰化市區、高鐵車站（台中站與彰化站）、台中市區等目的地之需求，分別提供大葉校園巡迴車、大學城525接駁車、員林生活圈交通車、大葉─高鐵接駁車、公車入校、特約計程車等六種交通工具，建構成輻射同心圓式的綿密交通服務網絡。六車共構路線，合計每天272個班次，提供學生更安全便利的通勤選擇。

其中，「公車入校」創全國首例，在學校行政團隊的努力之下，爭取地方民意代表協助與政府政策支持，於2015

年5月26日通車。包括彰化客運6914公車「彰化—員林（經東山）」、員林客運6700公車「二水—員林」，都延長路線進到大葉大學，也讓學校的交通網絡擴及彰化市與田中、社頭、二水；同年9月14日亦開通彰化至大葉臨時路線公車，不只是學生受惠，也增加在地居民的公車班次選擇。

大葉大學樂齡大學學員、73歲的陳楊多美，因為「公車入校」而獲益良多。她以前都自己開車，但隨著年紀大了，視力愈來愈不好，孩子們不放心她開車，現在改搭公車到校上課，多了彰化客運可搭乘後，上學更加方便安全。

鼓勵學生搭乘公車 減少事故發生

為鼓勵學生養成搭乘公車上下學的習慣，大葉大學自104學年度全面換新學生證，結合悠遊卡功能，方便學生搭乘公車，並在學校網頁設置公車進校園相關資訊，讓學生查詢搭乘事項。校方不惜採取補貼方式，以補貼80%票價，讓學生每區段搭乘費用僅收取2元，全段共收取5元。有些學生還會開玩笑說：「地上看見2元都不會撿，真是便宜！而且搭乘接駁車免於風吹日曬雨淋，又可以認識異性朋友，一舉多得、物超所值。」

大一住學校宿舍的應用日語學系同學李依婷覺得，平常只要花2到5元，就可搭乘525接駁專車，到山腳路吃飯或買東西，非常方便。休閒事業管理學系的學生張瑜娟開心地說：「學校提供多元的交通服務，讓學生除了騎機車之外，還有

很多選擇，下雨天或路途較遠時，都可以利用公車接駁，不用擔心會淋濕或騎車太累。」

在學校祭出多種誘因之下，有效地提升學生搭乘公車的意願。大學城525接駁車服務自開辦以來，到2015年11月為止，總搭乘人次超過128萬；自2015年6月至11月，彰客6914線公車、員客6700線公車、彰化大葉臨時路線，也高達2.6萬人次搭乘，足以顯現交通服務計畫獲學生高度肯定。

公車入校園後，不但普遍獲得師生好評，也促成機車事故數明顯降低。根據統計，2015年機車事故數比2014年同期明顯降低，顯示公車入校園政策，已發揮預期的效果。

2014與2015年（9月至11月）騎乘機車事故數比較

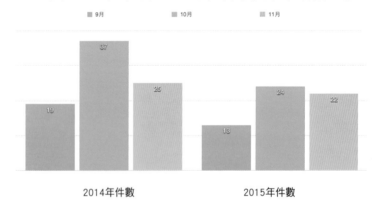

■ 9月　　　■ 10月　　　■ 11月

2014年件數　　　　2015年件數

嶄新電梯完工 為美麗校園增添一景

大葉大學以學生安全為第一考量，除了建立綿密的交通網絡，鼓勵學生搭乘大眾運輸工具，減少騎乘機車事故，也相當重視校園內行的安全。

由於校區各棟建築依山勢而建，高低錯落於八卦山麓間，

師生日常活動為求快捷，常須爬坡或走階梯，上下課尖峰時
段，階梯步道上人潮擁擠，跌倒意外防不勝防。

　　尤其位於校區西側山坡上的業勤學舍，共有700多位學生
入住，平時同學往返宿舍與教學區，都須經過蜿蜒陡峭的78
階梯；設藝學院學生欲到學院上課，也得行走階梯步道，學
生們都戲稱為「好漢坡」，雖然可以鍛鍊體能，但下雨天仍
有滑倒風險。且自100學年度起有盲障生入校就讀，更加速
校方設置無障礙電梯的決心。

崭新的景觀電梯完工
之後，幫助師生解決
上下山爬坡的困擾、
便利同學活動上課。

　　「這件事應該開始改變，可以去做改變。」武東星校長
認為，校方要站在學生的立場著想，為他們解決就學上的難
題，況且建構無障礙校園一直是學校努力的目標，早於89年
即在管理學院、工學院與外語學院間，將主要學習區域規劃
為行人徒步區。

　　為了進一步解決師生上下山爬坡不便，2012年初，校方
著手評估建置戶外電梯的可行性，通過水土保育審查後，爭
取到教育部補助款157萬元，學校另自籌1,385萬元，順利於
2013年中完工。

　　戶外無障礙電梯啟用後，業勤學舍住宿生與設藝學院學
生，可搭乘電梯由頂層出入，經廊道連接至業勤學舍一樓及
往設計大樓通道，為障礙生，尤其是肢體受傷者，提供了安
全的出入動線，更有效紓解階梯步道的人潮。

　　打造無障礙校園環境，不僅提升師生行的便利，電梯
外觀使用玻璃帷幕，配合鵝黃色鋼骨造型，在翠綠山林
間優雅卓立，夜間燈影婆娑，別有一番風情，成為校園
新景點。

播種—幫自己練出精采人生

肯做

走入大葉，迎向世界！

創新學制設計，培育出國際化的傑出人才，

提升實作能力，學用合一與產業無縫接軌。

與世界接軌的
創新學制

豐富青春 用熱情擁抱全世界

　　在全球化的今日，「國際移動力」已成為頂尖人才的必備能力。

　　大葉大學的辦學理念始終強調「學用合一」，藉由四肯精神培養學生「肯做」的態度與能力，縮小產業「學用落差」的問題。

　　為鼓勵學生拓展海外視野，提升國際競爭力，大葉大學啟動大規模的國際名校教育合作交流計畫，動員校內七大學院—「工學院」、「管理學院」、「設計暨藝術學院」、「外語學院」、「生物科技暨資源學院」、「觀光餐旅學院」及「護理暨健康學院」，分別與美國、德國、法國、義大利、日本、澳洲、紐西蘭、瑞士等國54所聲譽卓著的高等學府簽訂合作協議。

　　「提供學生國際學術交流的管道，讓學生有最好的學習環境，是學校努力的目標之一。」武東星校長表示，校方積極協助學生，讓出國不再是遙遠的夢想，而是可以實現的人生計畫。

　　大葉大學希望未來可以達成「超過10%的學生具備海外學習經驗」的目標，並在校內培育出超過1,000位的國際化人才，實現「前進大葉，迎向世界」的理想。

　　校方為學生設計出雙聯學制、交換學生、姊妹校交流、國際名師駐校教學、教育部學海專案等多元化學制，讓學生可以依照自己的需要，選擇出國或在校修習世界知名學府的一流課程。

　　過去留學費用高昂，許多青年學子因而卻步，雙聯學制採「2＋2」或「3＋1」規劃，學生只要在大葉大學及和校方

大葉大學吳甄甄
（中）到德國短期遊
學和德國助教合影。

合作的國外名校分別修業兩年，或是在台念三年、國外讀一年，畢業即可同時取得國內外大學雙學位或學分。

另有碩士雙聯學位，就讀大葉大學的研究所，可同時享有國內外學習資源，一年在台學習，一年出國進修，能獲得兩個國家的碩士學位，大幅減輕留學的經濟負擔。

頂尖姊妹校遍布全球

54所國際名校不論在國際排名、學術實力或課程特色上都相當出色。

例如素有「餐飲界的哈佛」之稱的法國費杭迪高等廚藝學校（Ferrandi），大葉大學是第一所與其簽約的台灣學校。

雙方從餐旅管理學系、烘焙暨飲料調製學士學位學程開始，進行協同教學、師資交流、會議或研討會等合作，讓學生能同時享有台灣和法國高品質的學習資源。

另一所與大葉餐旅系結盟的瑞士格里昂飯店管理大學（Glion Institute of Higher Education），則是飯店管理教育界的領導者，世界排名高居第一。

大葉大學藥用植物與保健學系合作的美國德州健康科學大學（Texas Health & Science University）是德州第一所中醫學院，兩度榮獲美國西區最佳中醫學院榮譽，2014年也曾獲頒美國總統高等教育社會服務獎。

大葉學生可以攻讀「2＋2」雙聯學位，在台灣與美國各讀兩年，完成跨國雙學士學位後，留美再讀一年半，就能取得

大葉大學的學生前往
美國芬利大學遊學。

東方傳統醫學碩士學位，更可經考試取得美國中醫師執照，在美執業行醫。

與大葉藥保系簽約的還有德州華美中醫學院（American College of Acupuncture & Oriental Medicine, USA），是全美唯一由台灣僑民創立，並可依法頒授碩士學位的中醫學院，已與德州多個世界級醫療體系，包括MD Anderson癌症中心、德州大學醫學院等締結合作關係，接受華美中醫學院學生前往實習。

英語系和多所名校簽訂合作協議，包括馬來亞大學、加州大學長堤分校、南新罕布夏大學、芬利大學等校。其中，阿肯色科大（Arkansas Tech University）是位於美國中南部的公立綜合性研究型大學，也是阿肯色州的旗艦大學，英語系學生在此可同時研修英語教學碩士課程，並經由考試取得國際英語教學專業證照（TESOL），該校並提供實習機會，為進入美國職場暖身。

美國中西部名校芬利大學（University of Findlay），則與

大葉大學武東星校長（右）和芬利大學麗貝卡副校長（左）代表兩校簽約。

大葉大學與德州第一所中醫學院—美國德州健康科學大學簽訂雙聯學制。

大葉大學簽署全校留學學分學程（Study Abroad Program）和碩士雙聯學位合作。大葉大學英語系碩士生和企業管理系碩士生，可以選擇一年在台灣研修、一年在美國留學，同時取得兩校碩士文憑，有機會留在美國工作。此外，大葉學生不限科系，都可申請到芬利大學修習學分，強化英語能力。

多方資源減輕出國壓力

企管系合作的加州州立大學長堤分校（California State University Long Beach），是美西地區綜合性大學排行榜的前五名；底特律梅西大學（University of Detroit Mercy）則是美國大學管理專業科系（Management Rankings）排名第十名。

造藝系雙聯的羅馬美術工藝學院（ISIA），被譽為「義大利的包浩斯（Bauhaus）」，是國際知名工業設計學府，其開創性觀念常能引領全球設計新思潮。護理系合作的昆士蘭科技大學（Queensland University of Technology, QUT），在2013年英國泰晤士報高等教育評鑑中名列澳洲第十名；電機系結盟的帕勒莫大學（University of Palermo）是西西里島的文化、科技、學術中心，在義大利享有盛名。

「上大學」與「出國讀書」是台灣年輕人認為攸關一生前途的兩大願望，為了幫助他們一舉順利達成，武東星校長強調，校方運用堅強的外語師資陣容與專業設備，打造「語言學習導航中心」，並提供免費真人線上英語口說家教等客製化課程，提升學生的外語實力。

不是每個家庭都有能力讓孩子出國遊學或留學，在「大葉大學培養新時代卓越人才105學年度入學獎助學金發放辦

法」中，對於以優異成績入學者，還提供可高達新台幣300萬元的碩、博士留學助學金，並補助赴姊妹校交換學生的機票費用，讓學生毫無後顧之憂地出國讀書。

除了雙聯學制，另有國際名師駐校教學模式，由學校出資補助各學系聘請國外名校的教授來台，實施專業課程教學，學生無須負擔額外費用，不用出國就有機會與國際級的教授交流。而教育部「學海專案」則由學校協助學生申請教育部經費，補助他們出國研修課程或實習，103學年度大葉大學是獲教育部學海專案補助金額最多的學校。

協助學生達成留學願望

美國加州大學長堤分校與大葉大學企管系合作，締結姊妹校。

近年來，「國際移動力」已成為未來全球頂尖人才必備能力的要項。因此，大葉大學一直致力於推動國際化，將校園

打造成全方位國際級的學習環境，除了校內專任外籍師資比例超過全國平均值的兩倍之外，在過去的兩年內，也已將百餘位學生送到國外學習。

大葉大學為了加快培育學生的國際視野、學識與經驗等能力，啟動大規模的國際名校教育合作交流計畫，希望可在未來兩年內達成目標，培育出更多國際化人才，增加台灣的人才覆蓋率。

英語系學生蔡玉涓（左）在張智惠老師（右）的鼓勵下，順利到馬來亞大學當交換學生。

大葉大學的彈性學制，相當受到學生歡迎。英語學系畢業生蔡玉涓回憶，當初得知系上有交換學生名額後，就積極爭取，把握在學的最後一個學期，到馬來西亞歷史最悠久的馬來亞大學（University of Malaya）當交換學生，「實際體驗留學生活後，讓我更加確定自己的選擇是對的。」

經過大四下學期的留學洗禮，蔡玉涓不僅精進了英文能力，也順利修完大學學分。她開心地說，讀大葉就好像同時念兩所大學，兩地老師上課的方式截然不同，台灣的老師和學生之間有很多互動，馬來西亞教學模式則重視學生的獨立精神，老師一開學就會在教學網上公布課程進度，時間到了就要交作業，老師不會在課堂上提醒。就連期中、期末考也是隨機，學生們要隨時準備好，迎接各項挑戰。

「很多事情光靠聽別人說是不夠的，唯有自己親身經歷才能得到最大的收穫。」蔡玉涓指出，和異國學生接觸的經驗，讓她有機會了解各國風俗文化，更拓展國際觀和研究視野。蔡玉涓鼓勵學弟妹當機會來臨時，千萬不要遲疑，一旦考慮太多，很可能就錯過了生命轉彎的機會。

而從小和弟弟兩人相依為命的蔡秀婷同學，藉由到馬來亞大學當交換生，而擁有當地的生活經驗，讓她在畢業之後，馬上得到一個外貿公司的工作機會。另外，原本對英語沒有自信心的柯洪慶同學，也因為到馬來亞大學當交換生，而大幅地提升了他的英語能力，並於畢業後服完兵役即前往澳洲打工度假，回國後投入自己喜歡的觀光旅遊產業，將個人興趣與工作結合。

　　原本生性害羞、做事依賴父母的劉嘉蓉同學，在前往美國加州大學長堤分校留學一個學期，期間接觸來自世界各國的學生，自己獨立生活六個月後，變得樂於接觸人群，重塑獨立自主人格，並積極規劃自己的未來，不再事事讓父母擔心。另外，參加美國加州大學長堤分校暑期ESL語言學校的黃純雅同學，也在美國修習語言課程時，了解到自己畢業後應該繼續升學，並於大學畢業前往澳洲繼續研究所的學業。

楊明凱同學的留學夢成真，父母到美國參加他的畢業典禮。

　　大葉大學所提供的海外國際經驗，讓所有參與的學生，因為擁有國際經驗而生活更加豐富，並且在人生及職涯的規劃上有了更明確的目標。

雙聯學制讓人夢想成真

　　「大葉大學讓我從小希望到美國讀書的夢想成真。」英語系畢業生楊明凱考量爸媽平日賣菜的辛勞，插大時選擇離家近的大葉大學，利用課餘時間到菜攤幫忙，原以為留學夢只能擺在心底，但沒想到校方有雙聯學制，在武東星校長與張智惠老師協助下，申請到教育部和學校補助，減輕經濟負擔，於大四前往美國南新罕布夏大學（Southern New Hampshire University）研修一年。

　　為培養第二專長，楊明凱選修圖像設計、攝影學、色彩概論、網頁設計等課程。楊明凱說，美國教育和台灣差異很大，台灣通常只看答案來決定分數，美國則重視邏輯能力，只要推論觀念正確，就算答案不對，依然可以得到一半的分數，讓他不禁反思，過去在升學主義掛帥的影響下，自己是否太在乎結果，而忘了享受學習的過程。當領到大葉大學文學學士和南新罕布夏大學藝術學士兩張畢業證書那一刻，他心中充滿美夢成真的喜悅。

　　大葉大學應用日文系早在2009年就與日本長崎外國語大學簽訂雙聯學制合約，也是國內43所大專院校日文相關科系中，第一所和外國大學簽訂雙聯學制合約的系所。

　　2011年應用日文系有六位畢業生——蔡佳伶、張書涵、郭俊彥、程可瑜、孔祥豫和周雨農，赴長崎外國語大學

就讀一年，表現相當優秀，順利取得大葉大學和日本長崎外國語大學兩所大學學位。其中，周雨農還拿到長崎市國際交流公益獎的殊榮，另有三位同學考上日本導遊執照。

程可瑜分享留學日本的經驗說，台灣同學最擔心日文聽力，其實只要有日文二級的基礎就不成問題，再搭配預習與複習，溝通上大致無礙。而長崎外國語大學還開設許多實用課程，比如在日本帶隊一定要有的「旅程管理主任者」課程，還有適合女生報名的秘書檢定等，程可瑜建議有意赴日工作的同學，可多考幾張證照，比較容易求職。

提升國際移動力放眼未來

出國留學或許與光明前景還有一段距離，但能打開視野，絕對值回票價。不少學生礙於經濟考量、語言能力等，常因此放棄，大葉大學提供的多元彈性學制，為學生打開一扇走向世界的窗，可直接與各國學生互動，儲備更多國際移動的能量，讓大學生涯更加多彩多姿，對於人生與職涯規畫也有更明確的目標。

機會永遠留給準備好的人，在大學時期就做好充分準備，有朝一日必能運用於職場，發光發熱。

大葉大學將持續加強與各姊妹校交流，打造全方位的國際級學習環境，提升學生在全球市場的競爭優勢，突破台灣被國際社會邊緣化的危機。

國內首創
「大學選系導引真人影音圖書館」

　　國內大學普及，如何選擇適合自己的科系，成為每個人未來發展的第一道抉擇關卡。大葉大學首創國內大學界第一個「大學選系導引真人影音圖書館」，幫助高中職畢業生選填志願。

　　大葉大學與IOH公益機構合作，動員校內七大學院49個系所，製作拍攝影片，由各學系學生提供親身經驗，包括教學內容、求學歷程、就業潛力等，彙整為「大學選系導引真人影音圖書館」網路平台，於2015年7月15日上線，免費提供全國考生與家長使用，作為選系導引工具。

第一手經驗 幫助選擇最適合科系

　　此一創新公益作法，正是大葉四肯精神教育的身教示範。參與拍片的生物資源學系同學黃郁雅表示，這次錄影讓她回顧當初的選系動機與求學所得，她決定畢業後要攻讀4＋1碩士學位，篤定選擇生物科技產業作為職涯方向。

　　國際企業學系畢業生柯振峰說，藉由觀摩別人的成長故事，可以協助考生描繪出自己的志向。觀光旅遊學系同學陳俐琳則說，要在兩天的密集訓練營中做好拍片及旁白的腳本，壓力非常大，但能幫助別人，真的很有意義。

　　除了台灣學生，「大學選系導引真人影音圖書館」也含括四個僑外生地區（印尼、蒙古、香港及馬來西亞）的學生介紹影片，同學以當地語言介紹，獲台灣海外聯合招生委員會網站刊登，宣傳網絡擴及國外。

大葉官網影音平台
dyu.edu.tw/pe

新設四大學系
展現校園特色
積極培育國家棟樑

俗話說「男怕選錯行」，然而在當今性別平等的時代，其實不分男、女都很怕選錯行業或職業，因為它攸關每個人的人生方向。

大葉大學是「企業夥伴型學校」，一方面與產業攜手，培訓符合業界所需的人才；另一方面，師法德國師徒制教育，培育學子擁有認真、負責的專業態度。配合大環境的需求，校方陸續增設觀光旅遊學院、護理暨健康學院，以及消防安全學士學位學程、視光學系等特色院系，帶領學生培養產業DNA。

打破護士荒 為醫護注入新血

近年來護理人力不足，引發全台護士荒，隨著高齡化社會來臨，未來醫療資源只會增加，不會減少。大葉大學103學年度成立護理學系，是彰雲投地區第一個護理學系，與在地醫療院所產學合作，為「護理人力在地化」注入新血。

104學年度以61級分錄取公費生的陳力豪，分數原可上國立大學，卻選擇大葉大學護理學系作為他的第一志願，成為與親姊姊同校又同系的學弟。

「我相信如果有更多男生加入急需人力的護理行列，將能帶給社會不同的貢獻。」陳力豪堅定的說著，和姊姊一樣對「人」感興趣，經常聽她分享就讀護理學系的精采生活，讓他對護士的刻板印象為之改觀，認定這就是他所追求的「貼近人與關懷」。

雖然畢業後可能會被分發到偏鄉服務，但是陳力豪並不排斥成為偏鄉的「男」丁格爾，期許自己能造福更多需要協助的人。

大葉大學首屆護理系學生傳光宣誓。

姊姊陳怡卉透露，高中時期讀到一本資深護理師傳記，深受感動，希望自己也能成為護理人員，後來得知大葉大學創設護理系，興奮報考並搭上首班車，「大葉大學的師長對學生就像自己的孩子一樣，而且提供到醫療院所實習的機會，我很開心沒有選錯校，也很支持弟弟的決定。」

大葉護理學系第一年招生就受到業界青睞。彰化基督教醫院、員榮醫院、澄清醫院、柳營奇美醫院、嘉義基督教醫院等大型醫院，爭相提供優渥的獎助學金，45個招收名額人人有獎。第二屆招生更獲三名公費生名額，由國家每年每人補助至少20萬元，在私立大學中相當難得。

　　為了鼓勵學生畢業後留在中部服務，彰基醫院提供就業獎勵金和留任簽約金，並分享專業資源，落實學用合一。彰基院長郭守仁強調，大葉大學將有彰基的醫師和設備做教學後盾，彰基則享有大葉大學的教育資源，創造「彰基有大學，大葉有產業」的雙贏局面。

　　伍倫醫療社團法人員榮醫院院長張克士表示，「很高興社區的好醫院可以和社區的優質大學合作，相信能開創在地就學、在地就業、在地就醫、服務在地鄉親的願景。」而員榮醫院每學年除了提供10個就學獎助金名額給大葉大學護理系，全額補助學生學雜費外，非寒暑假的上課期間，也補助獎助生活津貼，讓學生安心就學。

　　武東星校長為此說明，除了成立護理學系，學校更結合運動健康管理學系、醫療器材設計與材料學士學位學程等科系，建構完整的護理暨健康學院，為健康照護產業培育更多面向的專業人才。

大葉大學和彰化基督教醫院產學結盟（前排左四為大葉大學武東星校長，前排右四為彰基院長郭守仁）。

大葉大學護理系首招公費生陳力豪（左）同學，以61級分選擇與姊姊陳怡卉（右）念同校同系。

法國費杭迪主廚來台甜點教學

法國費杭迪馬丁主廚（中）和大葉大學餐旅系學生合影。

此外，台灣國際旅客於2015年底突破千萬人次，觀光旅遊是政府積極推動的六大新興產業之一。另一方面，台灣烘焙暨飲品產業自2012年起，產值就超過新台幣一千億元。大葉大學看準這兩大明星產業的潛力，於2012年即成立觀光餐旅學院。

大葉大學更在2015年10月16日，與「餐飲界哈佛」法國費杭迪高等廚藝學校（Ferrandi）簽約，正式締結為姊妹校。雙方將從餐旅管理學系、烘焙暨飲料調製學士學位學程開始，進行協同教學、師資交流、會議或研討會等合作，促進學生提升廚藝。

創立於1920年的費杭迪高等廚藝學校，是法國政府創辦的職業訓練學校，在1999年曾獲評為歐洲最佳旅館學校（Best European Hotel-School），至今已培育出許多知名的米其林星級主廚。

首位應邀到大葉大學短期教學的費杭迪高等廚藝學校主廚馬丁（Chef Serge Martin），擁有20年烘焙經驗，曾在倫敦、巴黎、加拿大等地擔任甜點主廚。馬丁示範教學「法式馬卡龍」，從製作餅皮、內餡到烘烤，過程嚴謹，讓同學除了學到歐式點心的正統作法，更感受到主廚的專注態度。

餐旅系學生施雅君說，馬丁主廚講解仔細，也清楚說明儀器使用方法與注意事項，讓同學們可以更了解製作步驟，用心做出頂級西點的精神，帶給她很多啟發，未來如果有機會，她也想到法國費杭迪學習。

餐旅系、烘焙暨飲料調製學士學位學程主任鄭信男強調，

馬丁主廚豐富的烘焙與教學經驗，不僅帶領學生進入美食、美學、美感的世界，也有助於學生與國際接軌。

消防署與41家廠商做後盾

目前國內各產業從事消防設備檢修的人員，大部分非消防本科系畢業，對於救災、災防安全等人力需求迫切，大葉大學104學年度開辦消防安全學士學位學程，集結產官學力量，攜手培育新世代消防與災防專業技術人才。

對產業而言，大葉成立消防安全學士學位學程是一大喜訊，一推出就獲得41家廠商簽訂產業夥伴聯盟，包括頂曜防災顧問有限公司、國介企業有限公司等廠商，都願意支援全

消防學程與41家廠商簽訂產業夥伴聯盟，讓同學一畢業就能和產業無縫接軌。

方位的業界師資；並透過全職實習、暑期實習等合作，協助學生一畢業就能和產業無縫接軌。廠商提供的就業機會比招生名額還多，可說是學生還沒入學，就被廠商預約走了。

大葉消防安全學士學位學程，是國內第一所和內政部消防署簽訂學術合作約定書的綜合大學，學生可以到南投竹山的消防訓練中心培訓，落實防災教育與高等教育的連結。

消防安全學士學位學程主任彭元興表示，在日益重視個人生命與財產安全的現在，防災人才的重要性與日俱增。消防安全學程所培育的畢業生，將可依照個人志趣，選擇報考擔任公民營消防員、消防設備士（師）、職安工程師與物業管理師等職位，出路相當廣。

此外，學校規劃開設消防安全碩士學分專班，提供現職消防人員進修管道，讓災防能力更上一層樓。

視光系產學合作 增加就業機會

大葉大學在104學年度另增設視光學系，是國內第一所以「理工起家」的學校設置視光學系，也是彰投雲嘉地區唯一設立視光學系的大學。

結合「視光學」與「醫學」的視光學系，不僅培養學生專業技能，更首創「視光學系與護理學系雙主修學制」，透過跨系攜手整合，讓學生學習視覺機能檢測及屈光矯正專業，同時透過學校護理學系雙主修共同教學，讓視光學習同步跨足護理專業知識與技能，培育全方位的醫護專業視光人才。

視光學系更與全國最大眼鏡業龍頭「寶島光學科技股份有限公司」簽訂合作意向書，雙方透過技術交流與專業訓練，

共同培訓視光專業人才，提供實習機會並保障就業，前景看好。武東星校長表示，學生在讀書時代就能與全國最大產業零距離接觸，並擁有實習與就業機會，對未來工作保障，可說是跨足一大步。

　　護理暨健康學院院長蔡秀鸞指出，《驗光人員法》已於2015年12月18日立法通過，驗光師成為衛福部第15類醫事人員，配合國考新制，學生畢業後可同時考取驗光師與護理師雙國家級醫療證照，無論在眼鏡公司視光、驗光技術或是醫療院所視光中心眼視力屈光檢查等專業領域，都有廣闊的出路。

視光學系先進的設備，培訓學生成為專業驗光師。

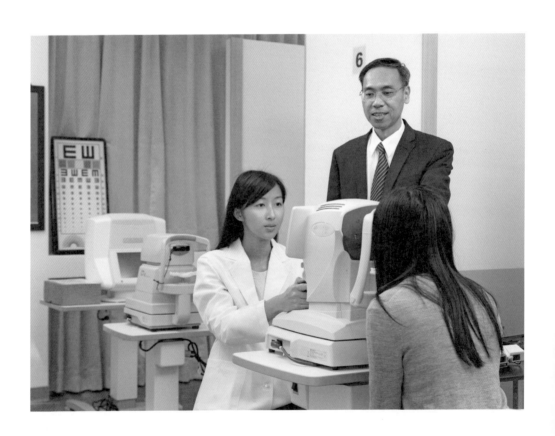

另外，大葉大學護理學系已和澳洲昆士蘭科技大學簽訂雙聯學制，視光學系正積極與美國大學視光學院接洽雙聯學制，學生可以選擇到國外大學攻讀雙學士學位。

未來，校方也將持續關注產業最新趨勢，增設符合產業需求的系所，善盡社會責任，為台灣衝破人才危機。

大葉大學推出全國唯一視光跨護理雙主修學制。

優秀師生
共創精采大葉
用心經營豐富人生

對於1960、70年代出生的人來說，幫忙家裡掃地、做家事，是相當普遍的事情，曾幾何時，年輕人被貼上「草莓族」、「水蜜桃族」、「啃老族」的標籤。武東星校長自從接任大葉大學校長以來，一直在思考著高等教育的社會責任，什麼才是能讓大葉學生受用一輩子的禮物？

因此，武東星校長提出四肯精神的培養，希望將這份父母傳給他的珍寶，也能成為每一位學子生命的墊腳石。「四肯精神其實是來自父執輩的優點與特質，只是因為時代變遷，逐漸被淡忘。」武東星校長分享自己的成長故事，他的父母常遺憾不識字無法改善家庭經濟，從小就對孩子耳提面命：「讀書很重要，一定要讀書。」所以他一直有著很深的使命感，想要靠讀書的力量，改變家中貧困的環境。

考上中山大學那年，武東星校長家裡辛苦地籌措兩萬元，光是註冊費就花掉一半，加上書本、大學服等開銷，在期中考前，錢就快用完了，為了減輕家庭負擔，他開始家教生涯，也啟發對教學的熱情。

「成長經驗讓我體認到，無論遇到什麼困難，都一定有辦法解決。」武東星校長感恩命運的眷顧，因為出身刻苦，成就他什麼都能做的個性。在教職生涯裡，他也不忘將這種進取的觀念傳達給學子。

成立讓家長感動的大學

武東星校長以走動式管理風格，走進學生生活現場，觀察思考他們的需求，讓大葉大學面對少子化趨勢，學生人

大葉大學武東星校長
（右四）樂於傾聽學
生的聲音。

數依舊連年正成長，2015年獲頒教育界最高榮譽「師鐸獎」的肯定。

武東星校長表示，師鐸獎的殊榮屬於全體大葉大學師生，他感謝每一位和大葉大學共同創造奇蹟的孩子，「學校因為學生而存在，以學生為主體，讓學生參與治校，才能凸顯教育意義。」

大葉大學全校都知道武東星校長時常掛在嘴上的名言：「學生的小事都是學校的大事」、「我不是校長，學生才是校長！」他的教育理念就是「變」，依照學生不同的個性和特質，給予適當的教育，因學生學習落差，調整不同的進度

與教法。

武東星校長初期透過校長信箱，後來更打造學校Line官網，傾聽大家的問題與意見。而且絕不是虛應故事，他會親自閱讀、回覆，盡可能安排時間和學生面對面溝通，把學生切身感受的日常小事，當成學校的大事來處理。

「時代在變，教育也要改變，『翻轉教育』很重要，老師不能用自己當年念書的情況，來衡量現在的學生應該怎麼做。」武東星校長始終相信，辦一所讓家長感謝的大學，才是成功的辦學。

大葉大學除了提供學生學習資源，更重視學生的人品成長，因而提出四肯書院的概念，希望透過課堂的學術涵養、

大葉大學武東星校長重視與同學的溝通互動，把學生的小事都當成學校的大事。

多元學習活動的潛能開發，以及公益活動的參與，培養同學成為「肯學、肯做、肯付出、肯負責」的大葉人，創造學校、學生和社會三贏的願景。

「少點專業、多點素養，也是業界所希望的，大學不是職業訓練所，但是學校有義務協助學生培養正確的工作態度。」武東星校長說，求學不只是為了追求文憑的光環，更應該抱持感恩謙卑的心回饋社會，具備四肯特質，將來不管到哪種領域工作，一定都能勝任愉快。

身兼多職的校長大展廚藝

武東星校長認為，現在的學習資源比30年前進步多了，

大葉大學武東星校長獲頒師鐸獎。

大葉大學武東星校長到美港西社區大學示範「蒜味蒸魚」。

「身為學生不能只想自己，更應該多想想別人，思考如何服務社會，一旦有了服務學習的念頭，自然會發展出多元能力，充實專業知識才能幫助更多的人。」

有感於高齡化社會需要更多樂齡學習的服務，大葉大學自1995年起推出長青大學課程，讓阿公、阿嬤們可以「活到老、學到老」，因此成為彰化縣最早開辦老人大學的學校。2015年5月起，校方也承接「彰化縣美港西社區大學委託營運管理」，因此，武東星校長也是美港西社區大學的校長。

行動派的武東星校長以身作則，帶頭走入社區，服務阿公、阿嬤們。很多人都知道武東星校長是LED研發專家，但很少人知道他從國小就喜歡跟著媽媽進廚房，不僅燒得一手好菜，還有滿腹的健康烹飪知識。武東星校長更現身社區大學烹飪課大展廚藝，讓學員們與全台最貼近學生的校長近距離互動。

武東星校長回憶說，小時候就是媽媽的得力助手，國中時讀了傅培梅的食譜，每道菜都讓他躍躍欲試。武東星校長示範「蒜味蒸魚」與「香菇燴絲瓜」兩道菜之前，還特地向餐旅管理學系的金牌廚師彭建治老師請益，再和學員分享烹飪小撇步。

烹飪班學員都沒想到，武東星校長會親自下廚教學，看到型男校長展現另一面，燒出一手好菜，大家都驚喜萬分，也從中學到健康烹飪的作法，獲益良多。

小葉紅茶協助在地農業

服務學習在大葉大學裡生根茁壯，大葉大學每一個科系，每一個師生都持續不斷地利用課程設計、課餘之暇，在能力所及、專業所精之處，進行社區服務或公益活動，透過「服務」來「學習」人群的互動與關懷，同時探索實現自我的可能性。

家住南投縣名間鄉的生物產業科技學系碩士生陳聖樺，世代種茶，攻讀生科系後，一直思考如何幫助茶農提高茶葉經濟價值。他和女友張芷瑜一起實驗，歷時一年成功將自家種的四季春茶茶葉，以紅茶發酵方式開發為「小葉紅茶」，不僅具備本土特色，更有助於農業升級。

大葉大學生科系學生研發的小葉紅茶，幫助在地農業升級。

名間鄉的茶種以四季春為主，但海拔較低，採收茶菁價格不高，一公斤大概只能賣20至25元，陳聖樺曾看過茶農因售價不好，一把火把茶都燒了。在他大三那年因為父親生病，而接下茶園管理的責任，亟思透過生技方式，提升四季春茶的經濟價值。

陳聖樺剛開始嘗試就像無頭蒼蠅，在柯文慶教授指導下，帶著他向廠商學習，讓他一步步了解紅茶的製程。從摘茶葉、室內萎凋、揉捻、渥堆發酵到機器乾燥、包裝成品等，新鮮茶葉做成紅茶後，收益可提高五倍以上。

過去對茶葉很陌生的張芷瑜，因男友緣故而投入研發小葉紅茶。張芷瑜說，最初是想幫助茶農，但實驗過程中反而受到很多人的幫忙，讓他們兩人更堅定要完成這件事。未來，陳聖樺希望能創業，開發高經濟價值產品，幫助更多茶農。

武東星校長指出，陳聖樺、張芷瑜這對班對共同研發的小葉紅茶，結合紅茶的香氣與烏龍茶的韻味，比傳統紅茶多了回甘口感。這項「新發想、新創意、新商機」的研發成果，獲得學校教學卓越微型創業創新競賽獎助，目前產品已在學校育成中心上市，是熱門伴手禮之一。

小葉紅茶的製作過程
繁瑣，但一步步都是
能泡出香醇紅茶的重
要關鍵。

世界盃電腦創意設計賽TOP 10

大葉大學鼓勵學生參加各項活動，從中養成未來在職場上所需的能力。多媒體數位內容學位學程的郭培緯，2015年8月9日代表台灣參加「2015世界盃電腦應用技能競賽」ACA電腦創意設計組的美國總決賽，榮獲ACA電腦創意設計組10強肯定。

世界盃電腦應用技能競賽ACA電腦創意設計組的台灣區比賽，前三名就能入選國家隊，2014年郭培緯第一次參賽，獲得第四名，與台灣代表隊資格擦身而過，一直很遺憾。比賽有13至22歲的年齡限制，2015年是他最後一次參賽的機會，能順利獲選為台灣隊選手，有美夢成真的感覺。

郭培緯生平第一次出國就代表台灣比賽，出發前，武東星校長、程仲勝主任、張顧耀主任與多位老師特別授校旗為他加油，讓他更有信心挑戰世界總決賽。

但台灣代表隊搭機前往美國那天，不巧碰上蘇迪勒颱風來襲，郭培緯的心情就像洗三溫暖，不知道飛機會不會照常起飛、來不來得及參賽？所幸後來雖因風雨太大，在飛機上坐

大葉大學校長武東星（左）授校旗給赴美國參賽的郭培緯同學（右）。

了快兩個小時才飛，但仍如期抵達美國順利參賽，說不定這就是因為有校旗的加持。

「我原本立志要拿第一名，頒獎時卻多了一個0，變成第10名。」郭培緯賽後心裡五味雜陳，但心情平復後回顧參賽點滴，他發現過程中激盪出的創意、學習到的經驗，才是最大的收穫，「與不同國家、不同教育背景的選手交流，讓我對設計有更多的創意發想，是彌足珍貴的學習經驗，我會善加運用、更上層樓。」

環保節能車 雙項紀錄保持人

以工學院起家的大葉大學，在四肯精神的培育下，同學們極富創新與實作能力。其中，在全國大專院校環保節能車大賽，大葉大學屢創佳績，目前是電動車組、省油車組的紀錄保持者。

武東星校長印象非常深刻，有一年，有個學生拄著拐杖來找他，希望校長能支持他們參加環保節能車大賽。該名學生是當年的環保節能車隊長廖羿閔，在他不幸發生車禍時，第一個念頭是「節能車還沒做完怎麼辦？」讓他了解到，參加環保節能車大賽是機械系的年度盛事，學生以冠軍為目標，賽前做了很多準備，還有同學選擇延畢也要挑戰冠軍寶座，後來如願奪冠。

環保節能車大賽不只需要技術能力，還要發揮團隊合作的力量，就如同一個小型社會，學生必須扮演好自己的角色，才能創造好成績。當別人坐在電腦前上網時，他們一下課就衝到機械工廠製作環保節能車，常常一待就到凌晨一、兩

環保節能車大賽是機械系學生共同響應的年度盛事。

點,就連假日也不例外,可說是「吃苦當作吃補」。

　　還沒畢業就有機會做出一比一、可駕駛的車子,參賽學生不只履歷表比別人多了一筆榮耀,更蛻變為「實作專家」,在比賽過程學到的實務經驗、努力不懈與團隊合作精神,讓他們受用一輩子。

校長協助 學生勇奪紅點設計獎

　　學生發想出好點子,有時也需要師長在背後推一把,才能

實現夢想。工業設計學系張以理、王俊文、邱彥璋共同設計
的「把握時間（Touch Time）」，2011年參與世界四大設計
獎之一的「德國紅點設計獎」，贏得設計概念紅點獎（Red
Dot Award：Design Concept 2011），背後就有一段師生溫馨
故事。

　　張以理同學提及，一開始共寄出六件作品報名，後來有五
件入圍，合計需繳交近十萬元審查費，當時三名成員實在湊
不出錢，一度以為無法參賽，所幸武東星校長適時地給予協
助，才讓他們能如願以償參賽。

　　「把握時間」作品是喇叭鎖定時裝置，設計概念結合喇叭
鎖與計時器，等時間一到即會發出敲門聲。在轉動喇叭鎖的
同時，就為計時器上發條，並不需要任何電力。

　　作品靈感來自同學日常細小的觀察，家中如有長輩在浴室
中待太久，家人會擔心是否有意外發生，又怕開口問會被當
作催促，造成彼此尷尬；喇叭鎖定時裝置在設定時間一到就
會發出聲響，讓浴廁中的人自發性回應，可防止未被發現的
意外產生。另一方面，洗澡時間過長，會造成水電資源的浪
費，適度的計時提醒還可節省資源。

　　這項環保好設計，在高齡化的今日，深具銀髮商機。如果
沒有武東星校長的臨門一腳，就不可能獲得「德國紅點設計
獎」的殊榮，武東星校長對學生的關心和支持，讓參賽同學
非常感動。

　　實際上，整個大葉大學就是這樣充滿著師生一家的和樂氛
圍，營造出正向學習的友善校園，協助同學們練出自己的精
采人生。

行動—好心就能成就好事

肯付出

公益大葉，愛心傳承！
服務學習生根茁壯，串聯暖流綻放幸福；
正向能量勤耕發光，看見台灣最美風景。

公益大葉
傳遞正向能量

培養關懷心 孕育美麗花朵

「如果大家在求學過程中、在學術殿堂研究外,只專注自己的學問與成績,絲毫不關心與我們共存的世界或社會有什麼樣的議題?或者完全不在乎周遭其他人的求助或困難,那麼我們也就沒什麼好驕傲或自認優越的!」大葉大學董事長黃正雄在2011年9月出版的《公益大葉》創刊號發刊詞中曾如此寫著。

大葉大學深信,「鼓勵師生投入公益」是一條正確的道路,自創校26年來孕育出無數的公益事蹟美麗花朵。

黃董事長認為,教育是良心事業、非營利事業;從更廣泛的意義來說,其實就是「公益事業」。但是台灣社會多年來太重視學歷,且將學歷與功利畫上等號,大部分的人們忘了,辦大學其實是為了幫助國家培育更多未來人才,而非只是單純地幫助年輕人或社會人士返回校園取得學歷而已。

五大主題 遍撒愛心種子

「『有所為、有所不為』,才是知識分子永遠需要自我惕勵的座右銘,勇於幫助社會上的弱勢族群,樂於堅持做對且良善的事。」在黃董事長的信念帶領下,大葉大學自創校起便持續引導學子,培育對於社會弱勢族群的關懷心,運用所學專長付諸實質公益行動。這種熱情,一付出就是26年。

「公益大葉」教育實施以來,師生們經由親身力行,逐步發展出「地方回饋」、「服務學習」、「弱勢關懷」、「勵志學習」、「海外公益」五大類公益主題,足以證明大葉師生不僅愛心內涵豐厚,更具備宏觀的公益視野與高度發展的公益文化。例如,餐旅學位學程的大一新生就與老師發揮高

大葉大學鼓勵學生參
與公益活動，圖為大
葉國際志工送愛到泰
北活動。

度創意，將在地農民嚴重滯銷的高麗菜，做成風味獨特的果
香泡菜，引發各大媒體報導，進而提升消費者的購買意願。

社會上抱持同樣信念的機構團體，看到「公益大葉」相關
報導後，不但對於投入公益行動的大葉師生讚譽有加，還提
供各式公益機會與贊助資源。校內師生受到肯定後，不僅更
強化行善動機，也號召到更多同學加入公益行列。

在各項大葉公益事蹟中，屢屢可見學生由所學知識、技
能出發，將專長轉化為對於社會弱勢團體有力支持的精采
故事。其中，英語系的「扶英計畫」、休閒管理系的「愛心
不分你我他－寒冬送暖活動」等單位推動的慈善活動，使
大葉大學獲選「2012年教育部中區品德教育特色學校」之

殊榮。另外，扶英計畫長期幫助弱勢家庭小朋友提升英文能
力，獲教育部青年發展署評選為「2013年服務學習示範性計
畫」大專院校組優等。

走入社區 教弱勢學童英文

為了縮小英語城鄉差距，91年在時任大葉大學校長洪敏雄
教授發起，並有英美語文學系及資訊工程學系師生全力配合
下，第一屆扶英計畫所有成員，熱熱鬧鬧地於大葉校園內舉
行結業典禮。這項當時在大村鄉各國小間引起熱烈回響的服
務性計畫，就這麼一代傳一代，成為大葉大學最具代表性的
公益活動之一。

至2015年，扶英計畫服務對象增至14所小學，服務足跡
遍及大村鄉、員林鎮、花壇鄉、社頭鄉、二水鄉、埔心鄉等
地，幫助超過兩萬名小學生。

大葉大學力挺高麗菜
菜農，購買500箱高
麗菜做公益。

「扶英計畫不只能幫助學習弱勢家庭的小朋友，更是學生探索自我可能的舞台。」前英語系系主任張智惠從2008年接任扶英計畫主持人，她說到，教小朋友一定要有熱情和耐心，具備這兩種人格特質，不管到哪種領域工作，必定都能勝任愉快。

張智惠老師進一步指出，英語系在大三開設「英語文教學法」、「兒童英語文教學」課程，選修學生就是扶英計畫的種子師資。而大一、大二生則以幫忙準備資料等方式，參與扶英計畫，傳承學長姊的經驗。這種薪火相傳的模式，正呼應扶英計畫，把所學教給更多人的服務精神。

扶英計畫獲教育部「2013年服務學習示範性計畫」大專院校組優等。

　　除了輔導在地學童，張智惠老師也在寒暑假率團到馬來西亞，於當地的華文中學擔任志工，分享環保、文創等議題，在2014年獲頒教育部推展社會教育有功個人獎。她說，這份榮耀是對馬來西亞志工服務團所有成員的肯定。

　　從大學時期就參與扶英計畫的應用外語研究所碩士畢業生黃擇凡指出，2013年時，扶英計畫的服務對象，除了鄰近大葉大學的村東國小，還有社頭鄉的朝興國小、社頭國中以及二水社區發展協會。國小部分，利用周末進行12小時的主題式教學；國中則分成四周，每周六有三小時英文教學課程。黃擇凡說，參與扶英計畫，不僅讓他有機會接觸教學實務，小朋友天馬行空的想像力，也提供他許多教學靈感。

　　英語系畢業生蔡秀婷大一下加入扶英計畫行列，負責影片剪輯工作。但蔡秀婷坦言，起初有點怕小朋友，只想躲在幕後，然而老師和學長姊的熱情以及小朋友的天真，讓她逐漸改觀，從幕後走上講台，「扶英計畫帶給我很多成長，以前遇到問題，唯一的念頭就是『怎麼辦』，現在遇到突發狀況，我會嘗試打破自己的限制，『就這麼辦』。」

　　同樣是英語系畢業生的林維均，在國小參加夏令營時，曾被大哥哥、大姊姊教英文，無形中開啟他的興趣。進入大學後，林維均積極參與扶英計畫，希望能讓更多小朋友感染到英文的吸引力。他透露，剛開始被列為最兇的老師，心裡有些受挫。經過不斷修正教學方式，才拉近與小朋友之間的距離。這也讓他了解，只要對學生付出關心，學生就回以對等的回饋。

心願樹為家扶兒圓夢

　　除了扶英計畫之外，大葉大學每一個科系、每一位師生，都持續不斷利用課程設計、課餘之暇，在能力所及、專業所精之處，進行各式各樣的社區服務或公益活動。

　　休閒事業管理學系自2012至2015連續四年舉辦「圓夢心願樹，大葉送幸福」活動，收集彰化家扶中心小朋友的心願卡，向民眾募集耶誕禮物，捐贈給彰化家扶，完成小朋友們的耶誕心願。

　　2011年畢業的校友岡紹華，家中三兄弟因為有家扶中心的助養津貼，才能一路念到碩士班畢業，他一直很感謝家扶中心。得知學弟妹舉辦「圓夢心願樹」活動，他便和大學同

「圓夢心願樹，大葉送幸福」活動，結合各界力量幫彰化家扶小朋友圓夢。

大葉大學休閒系學生
舉辦「圓夢心願樹,
大葉送幸福」活動。

學蔡政家、楊姍樺,三人一起認領七個電子手錶的心願卡。
他相信在愛的傳遞下,孩子們以後有能力也會幫助別人。

　　畢業12年的校友田書毓說,自己有兩個小孩,看到小朋友
們寫功課沒有檯燈可用,非常心疼,認領了三張想要檯燈的
心願卡。本身是基督教徒的休閒系大二生游茹貽說,耶誕節
是耶穌誕生紀念日,能投入跟耶誕節有關的公益行動,對她
來說很有意義。

　　休閒系主任葉子明指出,「服務學習」是休閒系的課程
特色之一,系上的謝佩伶老師從2012年開始,帶著學生推
動「圓夢心願樹」,凝聚小愛為大愛,幫助家扶中心小朋友
圓夢。家扶小朋友的心願並不大,可能只是一枝筆、一雙襪
子,或是日用品,藉由募集禮物的活動,一方面讓學生實踐
公益,另一方面在過程中,學生也能體會人人都是公益的種

子、都有能力去付出。

近年經濟不景氣，募集禮物一年比一年困難。彰化家扶很感謝大葉大學及時推動活動，傳遞來自四面八方的愛心，為小朋友創造耶誕驚喜，讓寒冬變得溫暖。

國際志工 送愛到泰北

大葉大學師生營造的公益暖流，不只在國內發酵，也蔓延至海外。

大葉青年志工團每年定期前往泰國北部偏遠山區，協助當地育幼院和學校，幫助泰北孩童學習。受限於現實條件，泰北學童輟學率高，念書對他們來說，是一種奢侈的想望。配合當地環境，除了英語、數學基礎學科之外，大葉青年志工團還設計書法、物理實驗、相機、生命教育等課程，將生活化知識帶進窮鄉僻壤。

曾任大葉青年志工團團長的視覺傳達設計學系畢業生梁慈芳回憶，一方面藉由教學，提升孩童的語言與數理能力；另一方面透過迴力標、水火箭以及簡易相機的製作，引導小朋友了解科學原理。值得一提的是，該屆剛好有具備音樂專長的團員，還首創吉他課，教泰北孩童用紙板、釣魚線、木條等材料，組成簡易版的烏克麗麗，讓泰北學童愛不釋手。

就讀大葉大學管理學院博士班的謝天霖，大二起擔任志工，參加過多次國際志工服務，曾獲頒績優青年志工校園推廣大使。曾任「大葉青年在泰北」營隊總召的謝天霖強調，早在2008年寒假，青年志工團就以泰北為關懷對象，在幾次

大葉送愛到泰北,於
薩哈撒中學服務。

經驗中,團員觀察到不少泰北學童因現實條件中斷學業,因
此特別設計青少年成長課程,希望幫助學童認識自我。

　為進一步了解當地學童的需求,志工團也安排家庭訪問,
在走訪過程中,團員發現不少學童都把志工寫的小卡片貼在
牆上,非常溫馨。謝天霖認為,一個人的成就來自許多人的
成全,大學生不只要在課業上力求專精,更應發揮自己的能
量,將生命的光與熱回饋給世界每個需要的角落。參與國際
志工活動,不僅可以運用所學來幫助別人,更能開拓視野,
發現自己的不足,進而自我提升。

　2015年暑假大葉青年志工團的泰北行,則是以環境教育
為主軸,安排垃圾回收、減量和再利用環保課程,推動校園

大葉大學青年志工透過迴力標製作，教導泰北孩童物理原理。

無菸環境與校園環境自主清理活動，將環境議題帶入家庭與社區，宣揚環境倫理與永續經營的概念。

國際企業管理學系三年級的許嘉玲說，自己第二次到泰北參與服務，原本抱持去協助照顧當地小朋友的心態，最後反而是獲得更多自我提升，從孩子們身上學到珍惜與知足，在物質缺乏的環境下，簡單平凡的生活也能獲得最大快樂，再回頭檢視台灣的生活，資源被過度浪費，許多人不知惜福。

許嘉玲建議同學勇敢嘗試，出國去看看國際上還有很多需要幫助的人，進一步思考如何去實踐，讓這個世界更美好。

工業工程管理學系三年級彭宣慈說，泰北的生活條件較為嚴苛，但仍可從當地學童身上看到純真的童心。雖然事前準備工作繁瑣，但學童們專注學習的態度，讓她想付出更多心

力來幫助他們。

擔任大葉青年志工團指導老師的教務長陳美玲說，希望能透過國際服務活動，提高學生的眼界，同時培養他們的服務熱忱。學務長黃娟娟則認為，在求學過程中，有機會到國外學習不同文化及志工服務精神，相信同學們可藉此學習成長且莫忘初衷。

畢業專題 義賣愛心餅乾

公益大葉的形式多元，連畢業專題也可以奉獻愛心。在2015年，人力資源暨公共關係學系七位大四生和彰化在地的咖啡館合作畢業專題，邀請員林家扶中心小朋友體驗製作餅乾，將完成的100份餅乾義賣，所得扣除成本後捐贈給員林

大葉大學青年志工團教導泰北孩童製作水火箭，大家都玩得很開心。

家扶中心。

　　參與的葉昭好說，第一次到員林家扶洽談時，看到辦公室的走道堆滿糖果、餅乾等物資，牆上還貼公告，請大家不要再捐物資，讓他們發現家扶中心真正需要的是捐款，因此企劃餅乾義賣活動。

　　另一位成員張博涵也提到，他們主動向咖啡館老闆鄭仁凱提案，一起做公益，獲得鄭老闆的支持，帶領10位家扶孩子親手做餅乾，適逢萬聖節前夕，他們也自製萬聖節道具，和小朋友們一起互動，認識萬聖節、感受外國節慶的氛圍。

　　為了準備活動，同學們利用周末在咖啡館學習，七個人都

大葉大學教務處教學資源中心和烘焙社推出「2014愛你一師，手工餅乾感恩傳愛活動」。

是第一次做餅乾，難免手忙腳亂，但能夠發揮自己的力量，投入社會關懷，格外有意義。

很多學弟妹知道有這場公益活動後，都主動幫忙，系上的邱創鈞主任、卓仕文老師、楊文慶老師、王正慧老師也在企劃過程，提供指導與協助，讓製作這個特別畢業專題的同學深深感受到，「幫助別人中，實際獲得最多的卻是自己。」

邱創鈞主任很開心學生能發揮創意，從公益出發，他相信學生在投入過程中，不只學習到如何企劃與執行活動，更能從中養成解決問題的能力，期待他們的拋磚引玉，能喚起更多社會關懷的力量。

大葉大學人資公關系和咖啡館合作，帶領家扶小朋友做餅乾。

近年來，教育部積極推動大學「服務學習」計畫與課程，每一所學校無不卯足全力，爭取各項經費支持與補助。從大葉師生行之有年的具體行動，可以看出「公益愛心」早已緊密融入課程，無需外界任何誘因，全因心中有愛。

武東星校長強調，大葉大學自發性的公益活動，是大學教育中品格與師徒傳承經驗最重要的一環。藉由參與公益，可以擴大胸襟、放寬眼界、體悟人生價值，熱情擁抱社會，散發出生命的光與熱。

在大葉大學的教育藍圖中，「公益」不僅是現代品德教育與公民精神培養的重要養分，也是打造大葉學生成為新世代關鍵人才的成功密碼。在「肯付出」的過程中，學生們不僅學習到，如何真正幫助到別人的需求，也是自我發現、自我改造的旅程。放眼未來，大葉大學後繼者將接續起意義非凡的傳承，並號召心同此念者一起加入公益大葉行列，為社會增添更多的善意與溫暖。

在地好鄰居
用心回饋社會

營造良善循環 促進地方共榮

　　26歲，正是準備展翅高飛之際！大葉大學在2015年12月19日，歡慶成立26周年生日。

　　走進當天啟用的校史走廊與數位校史館，彷彿穿越時光隧道一般，循著創辦人葉松根一路走來的足跡，見證透過教育力量開創學生未來的點點滴滴。

　　自1990年建校以來，在葉創辦人和歷任校長用心辦學下，大葉大學逐步奠定口碑，以「就業力」與「國際化」兩大特色，開拓教育藍海，跳脫少子化的魔咒，成為全國唯一連續五年學生人數持續成長的大學校院，也是彰投雲地區註冊率最佳的私立大學。

　　大葉大學現今學生人數接近一萬二千人，已培育出近五萬

大葉大學26周年校慶創辦人葉松根和夫人葉林月昭一起切蛋糕慶祝。

大葉大學校史走廊。

名校友，在士農工商各個領域，都可見校友的傑出表現。

　　知名藝人劉以豪就是大葉大學視覺傳達設計學系校友，在26年校慶系列活動中，他特地帶著樂團回母校表演。回憶起大學生活，劉以豪說那是他最快樂的時光，原本就讀環境工程學系，因緣際會拍攝短片，才知道學校還有視覺傳達設計學系，因為他喜歡畫畫，毅然決然地轉系，成為他人生的轉捩點，他感謝校方讓他找到適合的科系，更放心地做自己。

　　劉以豪自喻為「山腳路的孩子」，以就讀大葉大學為傲，讓他的大學生活多采多姿。對他來說，四肯精神中「肯負責」對他影響最深，即使課業繁忙、工作量也大，他養成寫行事曆的好習慣，按部就班安排好工作，在時間內繳交作

業，「對事情負責、也是對自己負責。」

音樂會向紫砂宗師致敬

除了培養學生「肯負責」的態度，大葉大學也自許要對社會大眾負責。因此除了積極投入社會公益，也將具有歷史意義的活動帶入校園。

2015年適逢紫砂工藝大師顧景舟百歲冥誕，而大葉大學董事長黃正雄是台灣紫砂壺收藏大家。為了紀念紫砂宗師顧景舟，大葉大學舉辦「百年景舟──紫砂宗師顧景舟紀念音樂會」向大師致敬；不僅邀請到宜興陶藝協會史俊棠會長帶領30位紫砂壺工藝師跨海參與盛會，顧老的媳婦吳菊芬女士與顧老傳人之一、中國國寶級紫砂工藝大師周桂珍，也來台口

劉以豪回母校演出，慶祝26周年校慶。

述分享顧老的生平。

　　紫砂壺產自江蘇宜興，也稱為宜興紫砂，是一門「點土成金」的工藝。顧景舟是第一位紫砂類工藝美術大師，也是近代陶藝家中最有成就的一位，不到20歲便躋身名家之列，國內外收藏家與博物館都爭相收藏他的作品。

　　黃董事長回憶說，顧景舟大師1993年訪台，他特別北上拜訪，顧老回大陸後，親自在趙江華先生製作的茶葉罐題上「體素儲潔」，託人帶回台灣送給他，長者風範一直讓他感念在心。

　　為緬懷這位紫砂工藝大師，黃董事長提供三只收藏的宜興茶壺，請大葉大學造型藝術學系擅長漆藝的顧琪君老師再行創作，顧老師以紫砂報春壺為基底再創作的紫砂漆壺，名為「金梅迎春」與「古梅報春」，透過金箔嵌飾，讓茶壺結合不同媒材，象徵藝術的傳承與創新，藉此向一代大師顧景舟致敬。

顧景舟音樂會中，大葉大學管弦樂社演出。

大葉大學舉辦記者會，為「百年景舟─紫砂宗師顧景舟紀念音樂會」暖身。

在黃董事長的引領與武東星校長極力推動下，紀念音樂會成功舉行，由大葉大學管樂社演奏拉開序幕，多首曲目都是琅琅上口的名曲。會後，大葉大學與宜興陶瓷行業協會簽訂文化交流合作意向書，透過人才培訓實習、師資教學訪問、辦理展覽或研討會等形式持續推廣藝術文化，讓顧大師的教育精神得以延續。

大葉大學武東星校長致贈顧琪君老師的漆藝茶壺作品，予宜興陶瓷行業協會史俊棠會長（右）。

胡乃元五重奏滋養心靈

為讓學生了解藝術文化的延續的重要性，並讓校園不再只是專業學科的教學，更是具有教育意義的活動場所。

大葉大學25周年校慶時，曾舉辦「黑澀莫札特vs亮麗布拉姆斯」音樂會，邀請旅美小提琴家胡乃元率領的弦樂五

重奏，演出莫札特《第四號G小調弦樂五重奏・作品K516》與布拉姆斯《第二號G大調弦樂五重奏・作品111》兩首曲子，吸引滿座師生與來賓欣賞。

武東星校長說，這是獻給大葉大學25周年校慶的禮讚，也是和民眾心靈交流的國際級音樂饗宴。

曾獲伊莉莎白小提琴大賽首獎的胡乃元大師，是台灣華人的驕傲，長期在世界各地為音樂藝術付出。胡乃元率領TC（Taiwan Connection）樂團成員，包括高雄市交響樂團首席薛志璋、密蘇里大學音樂系教授李捷琦、首爾愛樂中提琴首席黃鴻偉、台北藝大音樂系助理教授高炳坤共組五重奏，每年舉辦TC音樂節。

透過五種弦樂器的對話，胡乃元大師用琴聲代替語言，以

大葉大學25周年校慶音樂會，邀胡乃元大師現場演出。

最貼近觀眾的形式，散播音樂種子，這是對音樂藝術的付出
與負責的態度，正與四肯精神不謀而合，這股正能量透過音
樂，傳遞給大葉大學師生與民眾。

揪鄉親「藝」起看明華園

　　大葉大學舉辦一場場大型活動，不僅讓校園的氛圍做了改
變，也活絡附近居民間的情誼，更樹立起「在地好鄰居」的
形象，促進地方共存共榮。

　　猶記2013年時，明華園陳勝福總團長許下宏願「五年演
遍世界一百個大專院校」；因為傳統戲劇藝術的推廣，除了
人才斷層問題，觀眾的培養傳承也是一大困難，希望藉著歌
仔戲走入校園，吸引年輕人也來看戲。

　　「極力爭取啊！」是武東星校長聽到陳團長心願時的第一
句話，「不只要給學生看，還要給在地的鄉親看，這是一種
回饋的方式。」

　　坐而言，不如起而行，武東星校長隨即召集學校一級主
管開會，將活動命名為「大葉大學藝術嘉年華—鄉親藝起來
看戲」，馬不停蹄地拜訪明華園、校外相關企業、彰化縣各
鄉鎮村里長、社區發展協會等，促成了國家劇院級的藝術饗
宴，在大葉大學的操場完美呈現。

　　台灣傳統藝術走進校園是一項創舉，校方人員集思廣益，
將操場變身為廟口，並結合夜市文化，讓民眾欣賞戲劇大戲
《蓬萊大仙》時，也能享用傳統美食。在仲夏夜晚，大夥坐
著圓板凳、看著野台戲，就像回到早期，厝邊頭尾一起相揪
看戲的氛圍。

參與師生與鄉親超乎預期踴躍，校方為了提升觀賞品質，特地與明華園研商加設大型轉播螢幕，也為長輩與行動不便者安排前三排座位；更貼心地提供接駁車服務，另有食品公司贊助餐盒，鼓勵民眾多搭乘接駁車，達到節能減碳的效果，種種體貼的舉動，深獲鄉親的肯定與讚賞，重新認識蛻變後的大葉大學。

歌仔戲是唯一發源於台灣的傳統戲曲，不僅是戲劇表演，更涵蓋民間文學、民族音樂、民族舞蹈、美術以及工藝等面向。透過大葉大學主辦的藝術下鄉活動，一方面推廣傳統戲曲，另一方面也豐厚學生的文化素養；而參與的外籍生更是個個看得嘖嘖稱奇，成為他們來台求學印象最深刻的回憶。

付出與回饋是一種無私奉獻的具體作為，在「大葉大學藝術嘉年華—鄉親藝起來看戲」活動中，學校的每一位同仁、每一位同學都全力付出，四肯精神顯然已烙印在每個大葉人心中，不再只是個口號，而是內化為日常生活習慣。

單車社陪孩子圓環島夢

服務社區的方法非常多，只要用心就能發現。大葉單車社社長說，馬興社區小朋友都夢想著，有一天可以騎單車環島，因此從2014年2月起，大葉大學單車社每月帶領彰化縣秀水鄉馬興社區小朋友騎單車出遊，幫孩子們公路訓練，完成他們騎單車環島的心願。

社員每個月挑選一個周六或是周日，帶小朋友騎單車，目前已去過鹿港、一三九縣道、西螺大橋等地，最遠則利用暑假期間，從秀水騎到嘉義，過夜後再騎返彰化，希望用拼圖

的方式，將一個點、一個點連接起來，完成小朋友的單車環
島夢。

　　參與計畫的社員吳奇霖，很期待和孩子們一起體驗生平
第一次環島。吳奇霖說，騎單車需要體力，半日或一日單車
遊，除了帶領小朋友感受騎車樂趣、認識每個鄉鎮的風景，
也是環島前的體力訓練。單車上路後，常遇到路人關心、加
油打氣；騎長程時，體力好的小朋友都會停下來等落後的夥
伴，展現運動家精神，讓他們覺得很窩心。

　　單車社的林同學回憶起過程說，每次出遊約有40幾個國中
小學生參加，最多到60多人，在安全第一的前提下，社員事
前勘察路線，規劃好安全路線，活動當天和馬興社區小朋友
會合後，必定先提醒注意事項，確認安全帽、太陽眼鏡、頭

明華園在大葉大學藝
術嘉年華上演《蓬萊
大仙》戲碼。

大葉大學單車社帶領
馬興社區小孩一同騎
單車。

巾、手套等裝備配戴好，再一起出發。

　　單車社的指導老師林耀東教官，幾乎每場都陪同，用行動
表示支持。林耀東表示，單車社成員都很投入，付出時間耐
心指導，帶小朋友騎單車認識台灣，是很有意義的活動。

大手牽小手彩繪校園

　　此外，2015年3月，大葉大學休閒事業管理學系學生在彰
化縣員林市僑信國小舉辦「藝齊探險」藝術營時，發現學校
操場旁，有一面約10公尺長的圍牆油漆斑駁，便決定將「彩
繪圍牆」納入營隊活動，帶領50名小朋友以圍牆為畫布，發
揮想像力和創造力彩繪校園。

　　「藝齊探險」營長張哲維同學回想當時的彩繪活動，每位小朋友都分配到一塊彩繪區域，沒有限制主題，鼓勵他們自由揮灑。大多數的孩子都畫上卡通人物，還有不少小朋友天真地說：「畫家畫圖都會簽名，我也要在牆上簽名！」待小朋友全部完成後，休閒系的工作團隊再幫忙補強，大哥哥、大姊姊畫上許多紅色玫瑰花，祝福小朋友對藝術的喜愛和努力，未來都能開出美麗花朵。

　　藝術營透過遊戲形式，引導小朋友認識藝術家，打破在圖畫紙上畫畫的模式，帶領他們進行圍牆彩繪、衣服彩繪、黏土製作、植物拼貼等創作活動，激發他們的想像力和創造力，到藝術的世界冒險。

　　從二、三年前開始，大葉大學就到僑信國小辦營隊，至今已合作四次。僑信國小校長蕭勝斌說，休閒系學生都很認真設計活動，帶給小朋友很多新體驗，也開啟小朋友對藝術的興趣，謝謝他們的熱情參與，歡迎他們繼續到僑信國小舉辦營隊。

　　大葉大學學生不僅學習專業領域上的課業，也懂得付出所學，利用課餘時間投入社區服務活動，學習團隊合作，實踐負責任的精神，這就是大葉大學教導學生的做事態度。

捐桌椅 助消防 共享資源

　　在肯付出的良性循環下，大葉大學也將學校資源挹注社區，回饋在地鄉親。通識中心廖賢娟老師四年前加入彰化縣農村暨社區發展協會，2015年10月獲悉大村鄉美港村北天宮急需桌椅，立即與校方聯繫。身為大村鄉的一分子，大葉

大學當然義不容辭地幫忙，在總務處協助下，將修復好的30張二手桌椅送到北天宮管委會，廟方讚許學校的義舉，嘉惠了社區居民。

校方也感謝廟方結合社區發展協會，讓學校有機會透過資源共享，不僅符合環保概念，也協助社區解決問題，堪稱是一舉兩得。

社區安全也需要大家共同維護，大葉大學非常重視學生的校園安全、交通安全與春暉教育，每年都會結合消防局、婦女防火宣導大隊與警察局，辦理消防嘉年華、交通安全宣導、校外租屋安全認證等，藉由實地體驗的宣導活動，讓學生了解校園安全的重要性。

武東星校長表示，學校與政府機關配合各項宣導活動，是對學生負責，也對家長、社會負責。武東星校長同時也是彰化縣消防局婦女防火宣導大隊的顧問，有感於防火防災的觀念宣導極為重要，婦宣隊志工也需要民眾的支持與協助，身為大葉大學校長，得知婦宣隊需要幫忙，他立即挺身而出。

全彰化共有387位婦宣隊隊員，每年都需要找空間足夠的場地，供教育訓練使用，武東星校長二話不說，出借學校的表演廳。彰化縣婦宣隊二林分隊張分隊長表示，婦宣隊屬志工性質，經費有限，以往都是商借醫院的會議室，不是冷氣壞掉，就是音響設備出問題，他感謝大葉大學提供如此優良的環境，每位婦宣隊隊員也感受到校方的熱情，不只誇讚校園優美，師生也都很友善。

武東星校長極力推動四肯精神之餘，也提倡投入社區服務與公益活動，他說，彰化縣婦女防火宣導大隊是志工團體，

能夠盡微薄之力協助他們，也是一種對社會的負責與付出，期許大葉大學能夠秉持這樣的信念，為社會大眾服務，讓四肯態度落實在日常生活中。

　　重視全人教育的大葉大學，學生不只學習專業知識，更要充實人文素養，在學校師長引領下，學生們透過社區服務學習、公益活動參與，以實際行動關懷社會、回饋社會，在過程中了解到，人與人之間相互關照，就是台灣最美的風景。

大葉大學捐贈桌椅給北天宮，廟方讚許義舉嘉惠社區。

永續—讓全身充滿正能量

肯負責

薪傳大葉，校友爭光！

學習力促進競爭力，各行各業都有好成績；

亞洲第一綠色大學，與自然共生永續傳承。

校友爭光　擁抱熱情　走出不一樣的路
念大葉就好業

　　「念大葉，好就業，就好業」，大葉大學創校至今培育近五萬名校友，在各領域都有傑出的成就。包括在公部門任職的彰化縣長魏明谷、彰化市長邱建富、苗栗縣副縣長鄧桂菊等地方首長；在軍警領域的空軍上將彭進明、警政署副署長陳嘉昌；還有多位上市公司董事長，如精技電腦葉國筌、群光電子林茂桂、怡利電子陳錫堯、萊爾富汪林祥等。

　　也有在文化藝術領域一展長才，像奇想創造謝榮雅董事長、新銳設計師黃薇以及暖男藝人劉以豪；甚至年輕的神農獎得主，2009年的王益豐、2015年的鄭育松。校友們用自身努力奮鬥的故事，分享如何以四肯精神在各領域發光發亮。

怡利電子副董事長陳錫堯
四肯典範　熱心公益　樂捐助學

　　獲選大葉大學第二屆傑出校友，以及第一屆四肯典範代表的陳錫堯，無論在企業經營、社會公益、知識探索以及公民責任實踐上，皆親力親為，足為全體大葉人表率。

　　出身彰化農家子弟，陳錫堯從小養成刻苦耐勞的精神，自彰化高工電工科後，到和泰汽車新莊廠當學徒，為持續強化本身的知識和技術，以半工半讀方式，完成亞東技術學院的學歷。

　　1983年，陳錫堯受到父親轉行做小生意的影響，他與兄弟陳錫蒼、陳錫勳白手起家，創立怡利電子公司。當時家用錄影帶市場蓬勃，怡利靠著生產倒帶機，奠定企業根基。到了1998年，怡利進入轉型期，陳錫堯決定重拾書本，進入大葉大學事業經營研究所碩士在職專班就讀，迎接嚴峻的挑戰。

大葉大學傑出校友聯
誼會於2015年成立。

行動電話風行後，陳錫堯嗅覺到市場商機，怡利轉而研發振動器、藍牙免持話筒等產品；又因各家手機的充電器形形色色、規格不一，進而研發出All in one的免持話筒、萬用充電器，並申請工研院協助，突破技術瓶頸，被中華汽車看中，將產品應用於車上裝置，怡利正式跨足汽車電子領域。

1999年，怡利開始供應行動電話免持話筒給汽車製造商，之後專注於車載影音系統創新，全平面多點觸控與無線手機連結等功能，車上雲端服務運用的開發也已到成熟階段，成為大中華地區唯一與日本豐田、本田、馬自達、日產、美國通用、德國福斯等國際一線車廠合作的夥伴，並於2002年掛牌上市，企業發展進入全新里程碑。

串聯校友資源回饋母校

怡利電子績效卓著，曾獲第八屆國家磐石獎、第二屆國家
小巨人獎、中華民國跨世紀十大傑出企業金鼎獎、經濟部創
新成果獎等；靠著持續研發創新，連續多年榮獲台灣精品獎
肯定，更於2014年榮獲經濟部選拔為中堅企業。

近年來，怡利電子穩定成長，陳錫堯仍持續進修，有時拿
起書本就忘我讀到深夜。也因此，對於台灣景氣變化、全球
產業趨勢，他都能精準判斷，多次擔任台灣區電機電子工業
同業公會汽車產業考察訪問團團長，帶領台灣汽車產業同業
赴國外考察交流。

事業有成之餘，陳錫堯更熱心公益，擔任彰化縣警察志工
大隊大隊長和彰化縣警察志工協進會理事長，帶領上千位各
界人士投入警察志工服務行列。每年春安工作，他總是冒著
寒風親上第一線，為警察同仁加油鼓舞士氣，使彰化治安連
續多年榮獲全國評鑑第一名。

另外，陳錫堯長期以來與母校互動密切，曾任大葉大學第
三、四屆校友總會理事長，協助母校完成多項建設，並贊助

怡利電子副董事長陳錫堯（左）獲四肯書院榮
譽書院長許水德（右）頒發「四肯典範」。

武東星校長（右）致贈學校紀念酒給傑出校友
陳錫堯（左）。

怡利電子為台灣優質
的汽車電子專業製造
廠商。（圖片／怡利
電子提供）

弱勢學生順利完成學業。他感念母校培育之恩，更於2015年
籌組「大葉大學傑出校友聯誼會」，並擔任首屆會長，串聯
校友資源，協助母校永續發展。

　　陳錫堯照顧員工也無微不至，舉凡員工福利、教育訓練、
退休制度，甚至工作環境，皆優於國內業界，並朝「零災
害、零職業病、零事故」的目標邁進。不論在任何位置做任
何事，陳錫堯皆努力付出，具體實踐企業社會責任。

舜堂酒業總經理賴舜堂
釀酒國寶 金牌酒香揚名國際

　　2011年畢業於大葉生物產業科技學系博士班的賴舜堂，
擁有超過40年的釀酒經驗，由他領軍的舜堂酒業股份有限公
司，將台灣農產品開發為特色酒品，2015年參加在比利時
舉辦的Monde Selection國際酒類評鑑大賽，從80多個國家、

3,000多項參賽項目中,一舉囊括13面獎牌,包括三面特等金牌獎、九面金牌獎及一面銀牌獎,打破世界紀錄。

「可能是上天安排,讓我進入釀酒調酒這一行。」在台灣菸酒公司任職40多年的賴舜堂說,五歲時好奇嘗了拜土地公的米酒,覺得難以入喉,後來發現加糖變好喝,算是他的調酒初體驗。

賴舜堂表示,每個國家都有屬於自己的酒,日本有清酒、英國有威士忌、法國則有白蘭地,「做出代表台灣的酒一直是我的夢想!」過去他在台灣菸酒公司曾參與茶酒開發,可惜受限於無法保留茶香,未能成為正式商品。經過大葉大學生科系碩士班、博士班的專業訓練,讓他對酒品開發有更多想法,2008年由台灣菸酒公司總經理退休後,他決心繼續研

傑出校友賴舜堂(左二)擁有超過40年的釀酒經驗,以台灣特色酒揚名國際。右二為舜堂酒業董事長吳南盛。(圖片/舜堂酒業股份有限公司提供)

發茶酒。

賴舜堂認為，台灣茶葉聞名世界，觀光客指名度高，茶酒可說是最能代表台灣的酒。他到南投、阿里山等地尋找茶葉製酒，各種茶葉都試過，光是選定製酒用的茶葉就花了兩年多，幾乎花光所有退休金，但太太簡昭君不只全力支持，還鼓勵他：「這是讓台灣被世界看見的機會，值得做下去！」研發茶酒的過程，賴舜堂半夜突然想到作法，也會起床試做。調好後就叫醒太太試喝，因此簡昭君可說是茶酒的幕後推手。

茶酒技術確立後，賴舜堂接著嘗試台灣各地農產品製酒，希望推廣農產品的同時，也能造福農民。彰化的芫荽、台中的甘藷、嘉義的柳丁、台南的文旦、屏東的檸檬，都被他成

傑出校友賴舜堂在比利時國際酒類評鑑大賽獲得13面獎牌。

賴舜堂（右）運用台灣農產品，打造出專屬台灣的特色酒品。

功開發為風味酒，也跟著他到比利
時參賽。

　　武東星校長指出，賴博士退休後把
台灣菸酒的釀酒經驗延伸，結合大葉
大學所學，歷時三年，打造出屬於台
灣的茶酒，獲馬來西亞業者投資，在
嘉義成立舜堂酒業。從投資者用賴博
士的名字「舜堂」為公司命名這點，
就可知在台灣酒業，賴博士具有舉足
輕重的角色，期待他能繼續擦亮台灣
酒品的金字招牌。

JAMIE WEI HUANG
品牌創辦人黃薇
時尚新銳 女神卡卡也瘋狂

大葉大學造藝系校友黃薇以自創品牌在國際時
尚界發光發熱。

　　國際巨星女神卡卡（Lady Gaga）連續兩天穿著她設計的
衣服亮相，讓2013年才在倫敦成立個人品牌「JAMIE WEI
HUANG」的黃薇，一夕之間成為倫敦時尚圈焦點，更被媒體
譽為「時尚界台灣之光」。

　　2009年畢業於大葉大學造形藝術學系的黃薇，畢業後到
英國攻讀服裝設計，過去在大葉大學的課程訓練和工房實作
經驗，讓她有機會接觸到各種材料與技法，對她現在從事服
裝設計非常有幫助，比如女神卡卡相中的衣服，她就運用大
學時期學到的陶瓷、玻璃鑲嵌、染布等技法。

　　2014年在《ELLE》雜誌主辦的「ELLE New Talent

女神卡卡曾穿著黃薇的作品公開亮相。（翻攝自黃薇臉書）

LOOK 11

黃薇從電影擷取靈感，設計一系列服飾。

　　Awards」時裝設計新銳大賞，黃薇則以電影《戰地琴人》為靈感，透過工具袋和洋裝的結合、寬鬆的大外套，表現顛沛流離中，難民同樣維持著自我，個性化的詮釋，一舉奪得冠軍，抱回50萬元創業獎金。

　　黃薇勉勵學弟妹，大學是人生中一段璀璨旅程，途中會遇到很多人事物，千萬不要因為不喜歡就放棄，「很多事情當下覺得沒有特別意義，但很可能在人生某個階段突然變成養分，提供生命不同的能量，遇到挫折時，不妨做個深呼吸，告訴自己，別忘了背後還有很多支持你的人。」

　　大葉大學造藝系助理教授黃舜星指出，黃薇在大學時期就展現出不錯的繪畫能力，老師們很鼓勵她在繪畫領域繼續發展，但黃薇想去英國學習服裝設計，為了這個目標，她一直很認真，果真如願到倫敦中央聖馬汀藝術設計學院進修，面對語言、經濟、課業等壓力，克服一路上的挑戰，堅持追尋夢想，真的很不容易。

　　大葉大學造藝系設有編織、金工、漆藝、木竹、石雕、泥塑、陶藝、繪畫、裝置等「九大工房」，培養學生對材料的敏感，進而運用材料語意進行創作。造藝系主任廖秀玲表示，異材質結合一直是造藝系學生的創作特色，黃薇被女神卡卡挑中的作品，拼接了陶瓷、大理石等異材質，充滿實驗性，讓人眼目一新，很開心黃薇能將大學時期所學，和留學所得融會貫通，開創出自己的風格。

黃薇（前排右二）回母校演講，獲學弟妹熱烈歡迎。

奇想創造董事長謝榮雅
設計金童 奪百座國際大獎

謝榮雅生涯累積百座國際大獎，是最會得獎的華人設計師。

　　有「設計金童」之稱的謝榮雅，是大葉大學工業設計研究所碩士，投入設計產業逾20年，生涯累積百座國際大獎，為全球摘下最多國際設計大獎的華人設計師。

　　在台南縣後壁鄉後壁火車站前的基督長老教會長大，謝榮雅說，教會後門是一望無際的稻田，從農夫播種到成熟、甚至收稻草，四季變化的色澤，泥土的味道，深深烙進他的工業設計理念：尊重大自然、永續、可回收、節能。

　　謝榮雅回憶，教會附設幼稚園幾乎是「無限制供應」紙與蠟筆，讓他得以盡情揮灑。國中時他特別喜歡美術課與工藝課，因為老師除了教水彩，還教他做建築模型、版畫，又能動手把設計做出來。國中三年，讓他決心當個設計師。

　　升學時，謝榮雅原本想讀美工科，但父母認為「在台灣做設計賺不到錢」，只好選讀資料處理科系。畢業後，他從心所欲選擇設計為職業，從宏碁電腦做工業設計，到成立設計工作室，跨界推動服務設計，在99年創立奇想創造，轉往創新商業服務，2014年9月又獲鴻海投資成立富奇想，跨入智能居家的「牆經濟」。

　　謝榮雅抱著對設計的雄心壯志，領著奇想創造團隊，從設計服務商業模式，轉型科技創新育成控股公司，整合台灣傲視全球的科技及產業能量，鍛造屬於華人的國際級品牌。

讓設計變成好生意

　　謝榮雅對於設計之路，有著「三階段」的獨到見解。第一階段是「幫別人做好生意」。第二階段是「跟別人合作好生意」，邀別人投資自己的設計。第三階段創立自己的品牌，「讓設計成為自己的好生意」。

　　「做設計工作的人，都有個人表現的慾望，希望能改變世界，認為改變世界要由『我』，『我』要是有影響力、能被叫出名號的！」謝榮雅說，許多人認為台灣的設計產業問題出在「內需市場太小」，因而無法創造出國際設計品牌，但他卻有不同看法，「台灣品牌並不是在賣設計與品牌價值，而是在賣『性價比』。我們不能因為市場小就限制自己的發展，北歐市場也不大，但還是誕生出國際品牌。國內市場小並不是最主要問題，而是我們沒勇氣去創造國際品牌。」

　　謝榮雅說，要開創一條設計創業之路，應該引導出設計師另外一種可能性，否則設計師只有兩種選擇：做文創、小確

謝榮雅鼓勵學弟妹創新，走出不一樣的設計之路。

幸產品；或者進到大企業被代工思維淹沒。他鼓勵所有創作者，在看似不好的環境裡，找到自己最適當的位置，「設計師得更有企圖心，有更大的能力整合資源，讓台灣設計可以不一樣。」謝榮雅用自身的經驗證明，「設計在台灣可以活得下去！」

Otto2藝術教育集團董事長詹秀葳
美學教育 啟發孩子快樂學習

「對孩子來說，美學教育其實不是競爭力，而是快樂。當快樂啟動孩子自發地學習後，隨之而來的勇氣、創意、自信及獨立思考的能力，將成為孩子一生的禮物。」不論在台灣、中國，每當詹秀葳演講或舉辦說明會，總是獲得家長的熱烈回響。

在學生時代，詹秀葳讀的是會計統計、人力資源與公共關係，曾在台北神通電腦教電腦課程，一路升到北中南區教育訓練中心經理。工作10年後，她想做自己覺得有趣的事情，自2000年起成立松林教育事業公司，並與大葉大學展開長達

校友詹秀葳擁有豐富的美學教育推廣經驗。
（圖片／詹秀葳提供）

詹秀葳（右）感謝大葉大學教師群給予支援，讓她蓄積創業能量。

10年的建教合作，期間詹秀葳一直扮演著大葉大學推廣教育的重要推手，她個人也在2004年取得大葉大學工業關係研究所EMBA的學位。

身為兩個孩子的母親，詹秀葳和天下父母一樣，期待孩子健康快樂。然而，她曾在自己孩子身上感受到不快樂，直到帶孩子看心理醫生，才發現原因來自學習過程，因而深刻體認到「台灣教育不能只是分數與評量。」

因為孩子人生中意外的曲折，激起詹秀葳心中一股勇敢力量，明知不可能改變學校現存體制，但真心想為失去自信與快樂的孩子們做點什麼，於是她投入美學教育事業，創辦Otto2藝術美學。

大葉大學視覺傳達系的廖偉民、馮偉中老師與造藝系的王心慧老師協助參與研發，奠定Otto2藝術美學的基礎，以及品牌經營管理制度的建置。詹秀葳很感謝大葉大學教師群給予支援，讓她蓄積Otto2教育事業一飛沖天的龐大能量。

詹秀葳指出，美學已成為全球人才培育領域的新興顯學，可以稱為「美力」，愈來愈多父母相信，美學將幫助孩子培養未來必備的能力。Otto2以「如何培養孩子的快樂與自信」作為核心理念，堅持由孩子的觀點看世界，以美學教育為基礎，透過遊戲、體驗、創作的多樣化過程，讓孩子感受主動學習的快樂。

長期耕耘教育領域，詹秀葳靠著自我不斷學習，留意業界脈動，在美學教育上找到施展抱負的空間；也在孩子們學習的笑臉上，獲得創業最大的成就感。

綠色大學 節能減碳 落實環境教育
創造跨世代福祉

　　坐擁八卦山林，大葉大學與自然共生共榮，校內各項設施融合蒼翠優美的環境、綠色科技研發能量以及美學設計；因推動環境教育與永續發展表現優異，於2011年榮獲世界大學綠色評鑑（GreenMetric）亞洲第一、世界排名16的殊榮。

　　透過綠色校園的環境薰陶與綠色永續教學資源，大葉大學厚植師生的綠色競爭力，落實污染防制、資源回收，更致力於節能減碳之技術研發與管理實踐，陸續通過ISO14001環境管理系統、ISO50001能源管理系統等認證，打造學校成為一座省水、節能的低碳學園。

　　在推動環保實績的豐厚成果基礎之上，2012至2014連續三年蟬聯行政院環保署「中華民國企業環保獎」，榮獲最高榮譽獎座的肯定；2013年獲「經濟部節約能源績優傑出獎」及「節約用水績優個人獎」；2015年獲行政院環境保護署「第三屆國家環境教育獎」優等。

大葉大學傳播藝術學士學位學程陳雅芳的「降臨」，獲大葉生態影像紀錄比賽生態景觀組第一名。

成立環教遊學策略聯盟

　　大葉大學自我定位為「綠色大學」，將環境教育融入「教學卓越計畫」及「校務發展計畫」。在教育部獎勵大學教學卓越計畫中，訂立「綠色大學課程與體驗」與「建構綠色永續校園」子計畫；而在校務發展計畫中，永續經營是三大策略之一，擬定綠色校園實踐優化為行動方案，並進行全校環境教育規劃，以豐富教學資源。

　　校方於102學年度推動「學生綠色護照課程認證制度」，訂定「大葉大學學生綠色護照課程認證制度實施方法」，透過大學入門課程推動，鼓勵同學平時進行自我學習檢核。通識教育也融合環境教育新元素，於101至103學年度共開設26門環境及永續發展教育相關課程。

　　另於2013年3月成立「環境教育中心」，提供各級機關學校與各界人士綠色相關課程、環境教育課程與活動體驗，並

大葉大學以庭園造景結合自然環境，全區的綠色覆蓋率高達70%，建構成對自然友善的生態校園。

與在地各級學校建立「環教遊學策略聯盟」，分享校園作為共同學習園地，串聯各級夥伴學校，善用在地社區與八卦山生態環境資源，發展出一系列環境保護、自然生態保育、綠色人文與永續發展的在地特色課程。

在積極落實環境教育推展下，大葉大學於2012年11月、2015年3月先後取得環保署「環境教育機構」、「環境教育設施場所」認證，成為全國第一所同時具備雙項環教認證的機關場所。

風力運用是大葉大學的節能研究重點。

完善設施創省水奇蹟

卓越的環境管理設施、節能實績，更是大葉大學自詡的環保招牌，也是屢獲企業環保、省水節電與資源再生等相關續優獎項的基礎。

大葉大學每年皆投入經費改善節能設施，近四年來，共計省下水電費高達新台幣2,060萬元。在省電方面，一般大學用電EUI（每年單位樓板面積用電量）平均值是87.2，大葉大學的用電EUI則是66.9，遠低於平均值。

在節水方面，大葉大學擁有完善的水資源管理設施，如中水回收系統、雨水撲滿、自來水監控系統等，創造了省水奇蹟。依據水利署公告「2010年機關學校用水指標基準值」，國立一般大學人均用水量為每年39.4噸，大葉大學2014年人均用水量為12.6噸，僅國立大學之人均用水量的三分之一。

而整體資源回收量，則由2010年的82.7噸，上升至2015年的95.3噸，回收率提升至25.2%，尤其推動行政系統及學習課程數位化後，每年約可省下800萬張紙。此外，學校每

年廚餘回收26噸，可產出有機堆肥15噸，有效應用於校園環境生態營造。

　　值得一提的是，大葉大學獲選為提升HV LED（高壓半導體）產品相關技術能量、建立智慧照明與服務的整合示範區，兩岸LED產業合作孕育的第一個台灣成果在大葉大學誕生。本身為LED專家的武東星校長指出，推動節能減碳並非一朝一夕，而是長期性、全面性地進行，節能是不可擋的潮流，沒有最好，只有更好，希望未來可以與兩岸各界聯結成推動節能的緊密夥伴，共同為地球環境永續盡一份心力。

培育志工參與社區營造

　　近年，大葉大學於校區邊坡及校園自然步道沿線，復育原生樹種及林下層植被，營造校園景觀融入自然生態環境，並將校內園藝性花草逐年更替為本土特色植物。由於灰面鵟鷹與紫斑蝶等遷徙過境之生態奇景，是設計生態教育活動的良好題材，校方也招募師生參加校內外生態研習活動，並培訓

大葉大學2014年獲全國大學節水第一名，由副總務長莊基仁（左）代表領獎。

MBR生物薄膜污水處理場及相關節水設備，幫助學校省下可觀用水量與水費。

校園生態解說志工，擔任相關課程與活動教學助理。

此外，設計藝術學院成立「城鄉發展暨產業振興研究中心」，結合師生以社區營造與規劃服務專案為基礎，積極參與文化部、縣市政府文化局各種文化保存與文創計畫。

校方另開設氣候變遷調適相關專業學分學程，「溫室氣體暨能源管理綠色學程」產官學共構學分學程，以系所原有基礎課程新增實務課程，輔導學生取得「ISO14064主任確證／查證員」及「能源管理系統主導稽核員」證書，培養節能減碳專業人才投入職場。

大葉大學以本土特色
植物妝點校園。

校長帶頭推廣綠色教育

除了深化大學自主環境教育，校方更重視推動社會環境教育推廣，武東星校長本身就是最佳種子，透過實際參與活動，帶動全校的環保風氣。

2011年12月初舉辦「我愛鄉校」服務學習活動，武東星校長捲起衣袖，帶領大家投入清潔工作，不但增進學校與社區的互動，也培養學生的服務精神。武東星校長表示，大葉大學一向注重公益，希望學生在打掃社區的過程中，能學到凡事從小處做起的道理。

2013年1月2日舉辦「萬人彎腰做環保，大葉大學愛地球」活動，透過師長們的帶頭示範，以及學生的實際參與，讓學生了解垃圾對校園環境的影響，進而養成垃圾不落地的習慣。環境永續不是偶一為之就能實踐，「萬人彎腰做環保，大葉大學愛地球」是一個不分時地的活動，希望大家都能共同為環境永續努力。

2012年4月25日,在學生代表見證下,武東星校長簽訂「塔樂禮宣言(Talloires Declaration)」,表達落實綠色永續校園的決心,也宣示大葉大學對地球環保付出與努力方向。

2013年6月21日,武東星校長擔任彰化縣政府環境教育訓練講座,以「環境教育之推動—以大葉大學為例」為題,將大葉大學推動環境教育的經驗與縣府員工分享;同年11月20日,武東星校長赴印尼國家大學,與全球各校代表分享學校水資源管理經驗。在2015年11月底,也分赴上海金融學院、上海海洋學院,講述「從節能減排談高校基建」、「從科技應用談高校節能減排的實踐」,獲得廣大回響。

「萬人彎腰做環保,大葉大學愛地球」活動,武東星校長帶領師生撿拾垃圾。

校方深切認知,做好環保不是為了獨善其身,身為大學更有推己及人之責。環境教育應從推動配套制度與深化教育內涵做起,突破宣導形式產生內化改變,結合品德教育,實踐環境倫理與永續發展,才是真正目的,以下案例可清楚說

明，師生們對於保護環境「肯付出、肯負責」的行為。

案例一：賦予回收課桌椅新生

2011年2月大葉大學空間設計系系主任黃俊熹，前往秀水鄉公所參觀廢棄物回收再利用廠，看到堆積如山的廢棄國小課桌椅。為了讓這些回收課桌椅可以獲得充分利用，和公所達成合作共識，將拆解後的課桌椅，提供給空間設計系一年級學生，進行設計與實體操作。希望藉由學生的創意發想，讓資源循環再生，達到節能減碳的目的。

其中，何詩婷同學設計的多功能兒童椅，適用於八到十二個月大的小朋友，不但可以搖，桌面還可拆解，下方可放置兒童奶瓶罐，作品兼具實用與美觀。何詩婷說，當初設計發想是希望將童年課桌椅的記憶，透過兒童椅的設計傳承給下一代，也讓永續利用的觀念生根茁壯。

何詩婷同學運用廢棄課桌椅設計改造的兒童座椅，兼具實用與美觀。

案例二：舉辦綠色奇蹟體驗營

環工系於2013年7月9日舉辦「綠色奇蹟體驗營」活動，邀請高中學生及大葉新生參加，活動主題為漫談環境倫理，包括環境人文與綠色生命教育、再生能源科技介紹與能源管理，並親自到實驗室參與「綠色包裝及造紙」、太陽電池操

大葉大學李世傑主任
（前排右三）、許家言
老師（前排左二）教導
學生製作防蚊液。

作、簡易水質檢驗之體驗課程，營隊活動深獲好評，參加的
同學更寫信感謝校長和學校，舉辦這麼有意義的活動。

案例三：四肯書院環保DIY

　　四肯書院在101、102學年度推出為期各兩個月、每周一次
的「綠色環保」系列活動，在書院生（住宿生）的課外活動
融入綠色消費及環保觀念，陸續推出手工皂製作、手工健康
餅乾烘焙，以及如何調配天然防蚊液，減少對環境的污染。

　　特別是近年食安問題頻生，引發社會高度關注，學校師生
同樣也關心如何吃得安心、用得安心。在生科系李世傑老師的
策劃下，利用書院舉辦「綠色環保—香氛世界」系列活動，教
導學生回收問題油品製作手工皂，以及使用天然無毒及對環境

友善的原料配製防蚊液，以解決學校位處山區惱人的蚊蟲騷擾問題。在親自動手做的過程中，也提升了環保意識。

案例四：無銀小旅行下鄉服務

休閒系李俊憲老師於102學年度第二學期開設「社區小旅行規劃」課程，讓學生們身上不帶任何一毛錢，到彰化縣竹塘鄉田頭社區進行二天一夜的「快樂農業無銀體驗小旅行」，協助農場各項農務，換取三餐和住宿，體會農村社會永續自足的經濟模式，發掘新的生活價值。從活動中，學生體會到農民的辛勞、父母工作的辛苦，更懂得珍惜盤中飧、有耕耘才會有收穫的道理。

案例五：水資源日守護地球

3月22日是世界水資源日，環境工程學系特別發起「大葉水

梁欽牧場老闆張富傑
（左）熱心教導大葉
學生養雞相關知識。

資源日」，透過上街宣導、人體排字、跑水接力、製作祈水娃娃、上書總統等活動，呼籲大家珍惜水資源，保護地球。

水資源日的前一天，老師帶領30名學生，分組在員林街頭發放珍惜水資源傳單，沿著火車站、光明街等鬧區，學生熱情地向路人和店家說明台灣水資源的困境，呼籲大家一起知水愛水、保護地球，獲得居民的肯定與支持。

周彥廷同學說，台灣雖然多雨，但河流短、坡度高，無法儲水，加上乾溼季分明，造成有缺水情況。節水其實可以從很多小地方做起，比如淋浴取代泡澡、水龍頭搭配節水器材、洗米水再利用，都是一般家庭可以做到的節水行動。此外，要盡量使用有環保標章的清潔產品，降低化學物質對人體或環境造成的無形傷害，避免使用後流入河川、進入土壤，污染環境。

大葉大學環境工程學系特別發起「大葉水資源日」，師生人體排列322大字。

案例六：探索生態啟蒙保育熱忱

　　2015年4月1日至6月30日期間，校方共辦理五梯次生態保育教育活動，透過綠色校園的環境探索與野外活動，讓各界學員在師生團隊帶領下，經由體驗活動達到成就感，建立對周遭生物的認知基礎，啟蒙對公民科學研究的熱忱，愛上與大自然的互動。

　　大葉大學明白所謂「環境教育」，絕不僅止於硬體面的建構與日常性的環安衛工作，應回歸到教學與生活行動實踐層面。在環境教育的道路上，還有許多課題與進步空間，大葉大學全體教職員生將從自身做起，以對環境的感知及環教知識所學，齊為環境的未來持續努力。

員林國小的師生參觀大葉大學智湧塘。

創新品牌行銷
翻轉老派宣傳

豐碩辦學成果 勇敢秀出來

　　台灣社會各界越來越注重「品牌行銷」的觀念，這股風氣也吹進高等教育界。然而，在新觀念初行、舊文化又根深蒂固，兩相衝擊之下，許多學校的宣傳模式仍停留在「新聞剪報收集印刷成冊」、「買報紙版面刊登口號式標題」等，老式又一廂情願的做法，難以引發讀者共鳴，更無法創造「品牌行銷」的效果。

　　大葉大學全體師生在「四肯精神教育」的薰陶下，於教育部教學卓越評鑑、學生學習成果展示、技術研發創新、產學合作、職場實習、國際知名學府交流、國內外競賽評比得獎、校內教學與生活服務設施更新、校園美化環保等方面，都交出亮麗的成績。

　　眼見同學們肯學、肯做，老師們又肯付出，大葉大學行政團隊也受到感召，發揮「肯負責」的精神，努力將師生們近年來的奮鬥過程與成果，完美展現在世人眼前，便在武東星校長領導下，祭出迥異於各大學院校的創新品牌行銷手法，以大葉教育理念、師生優良事蹟等教學成果，豐富大葉大學的品牌內涵。

出版專書 無私分享辦學心得

　　武東星校長希望運用年輕人易於接受的方式推廣，以專業出版與行銷模式，將大葉師生的具體實踐成果，展現在社會大眾面前。經行政團隊與出版社洽談後，雙方展開長達半年的採訪、編撰等出版流程，在2014年2月初，專書《大人變了，孩子就會不一樣》在全國的實體書店、超商與網路通路發行。配合書籍上市，還搭配多元化的行銷策略，成為當時

《大人變了，孩子就會不一樣》介紹以學生為主的大葉大學，如何翻轉教育思維。

台灣高教界的盛事。

在誠品信義店舉辦的新書發表會上，武東星校長與學生現身說法，傳授跨世代溝通的祕訣及經驗。武東星校長指出，大葉大學有很多「翻轉教育」的成果，例如校園是山坡地形，各單位辦公室分處不同地方，學生要辦停車證、畢業證書等，常常要跑好幾個地方，因此他設置聯合辦公室，將師生最常接觸的單位放在同一處，方便學生一次辦好所有程序。

此外，令不少學校頭痛的交通問題，大葉大學成功推動六車共構改善，榮獲教育部交通安全評鑑第一名「金安獎」。這些實例收錄於《大人變了，孩子就會不一樣》，

引發回響，校方無私分享辦學心得，開放全國高中職免費
索取專書。

《師徒大葉》全方位關懷學生

大葉大學並突破一般學校慣行出版大雜燴式的「學校簡
介」，將師生共創的豐碩教育成果，改以「主題式出版」，
並搭配「主流刊物級的版面設計與用紙」，讓讀者耳目一
新，連帶提升大學品牌價值感，目前已推出《師徒大葉》、
《研發大葉》、《公益大葉》三項校內出版品。

大葉大學創辦人葉松根在走訪世界百所大學之後，決定
以「德國式」工業大學作為創校基礎。意即「理論與實務並

大葉書院住學合一學
生能獲得全面關懷。

重」、重視「產學無縫接軌」的雙元制（dual system）高等教育體系。

大葉首創「師徒」導師制度：學生在專業課程中，可以選擇自己的「師徒導師」；在日常生活上還配有「班級導師」，利用時間為縱軸、班級為橫軸的雙軌制度，學生在求學期間，能有無縫隙的全面關懷。

《師徒大葉》（www.dyu.edu.tw/apprentice）記錄著，教師帶領學生孜孜不倦研究或創作所換得的肯定與成果。藉著本刊，讓社會更多人了解，大葉大學有一群充滿熱情的教師群，學生必能在這樣的言教與身教下，擁有「肯學、肯做、肯付出、肯負責」的四肯特質。

〈故事範例〉高功率輪轂馬達技術領先

大葉大葉工學院成功研發的台灣第一顆60kW高功率高效能的電動車用輪轂馬達，更重要的是，這組輪轂馬達系統是100％由大葉師生共同研發完成。

工學院的陳盛基（後排左一）與蔡耀文老師（左三），帶領學生研發出高功率輪轂馬達。

電動自行車的研發，對於節能減碳能發揮良好的效果。

　　電機工程學系陳盛基老師和機械與自動化工程學系蔡耀文老師表示，這顆60kW高功率輪轂馬達，在關鍵技術上領先全國各大專院校，這項研究成果，也為未來台灣電動車輛的輪轂馬達發展奠定良好基礎。

　　參與研究計畫的同學包括電機工程學系博士生徐銘懋、碩士生陳暉儒，以及機械與自動化工程學系的碩士生蔡嘉偉、李國鼎、廖晨翔和胡智偉六位同學。徐銘懋指出，市面上以小功率馬達居多，大功率馬達技術門檻相對較高，所幸在大葉大學企業夥伴富田電機代工製作全力支援下，成功克服技術上的困難。

　　蔡耀文老師表示，台灣學界在電動車輪轂馬達研究上，仍停留在低功率階段，應用在實際車輛上顯然扭力不足，很高興工學院經過兩年努力，完成這套高功率高效能的電動車用輪轂馬達的建構系統。陳盛基老師強調，輪轂馬達主要特色就是效率高，和一般傳統馬達只能達到40％的效率相比，它可達90％的效率，對於節能減碳將發揮很好的效果。

　　因地球暖化及石油枯竭，電動車已是產業發展趨勢。大葉大學研發出的高功率60kW級車用馬達驅動器，可裝置在車輪內直接驅動，瞬間加速更快，是電動車用馬達的未來主流。這項研究成果，除了可提供產業界技術支援，對地球的綠能環保也有良好的貢獻。

《研發大葉》匯集師生研究精華

　　近年來，大葉大學在學術研究方面表現卓越，據台灣ESI論文統計，工程領域進入世界前1％；而WOS論文統計，也

顯示機械學門、農學類、材料類、生物及免疫類等領域，均已達相當水準。

學生的表現更是優異，屢獲國際比賽「德國紅點（RedDot）設計」、「德國紐倫堡國際發明展」、「莫斯科俄羅斯阿基米得國際發明展」、「義大利國際發明展」、「日本國際微機構競賽」、「韓國首爾女性影展」殊榮。

由此蓄積的研發能量，也反映在國際能見度提升上，2016年世界大學網路排名，大葉大學在全球超過24,000所參加評比的高等學府中，高居前5％的領先席次。同時，在台灣157所受評院校中，大葉大學排名第49，領先國內108所公私立學校，其中還包括26所國立大學。

這些好成績，都是值得大葉人共同分享的驕傲。《大葉大學研發成果彙編》匯集學校研究成果的精華，記錄教師帶領學生孜孜不倦研究，所換得的肯定與成果。

〈故事範例〉電子廢棄物回收獲專利

李清華博士投入廢棄物資源回收處理技術，已有23年經驗，尤其是富含貴金屬、稀土元素的電子廢棄物，產出的研究成果相當豐碩。

為使學生論文研究成果具有實用性，以利未來就業與產業界結合，李清華老師要求碩士研究生，必須著重產業需求性，規劃具創新突破性的研究成果。因此，除了完成基本畢業論文，他期望每位碩士畢業生的研究結果，皆能申請乙件專利，彰顯研究成果的產業利用性。

歷年來，李清華老師共產出國內外專利34件。其中，中華

民國第I253962號專利「廢DVD光碟片之資源再生方法」，
可有效解決氾濫成災的光碟片污染問題，對政府和廠商處理
光碟片回收問題是一大佳音。該專利不但入圍國家發明創作
獎決選，並榮獲台北國際發明暨技術交易競賽展金牌獎。

另外，中華民國第I295591號專利「廢釹鐵硼磁鐵之資源
再生方法」，榮獲台北國際發明暨技術交易競賽展銅牌獎。
由於廢釹硼磁鐵中之釹金屬，是磁性產業或尖端產業不可或
缺的原料，運用此專利技術，可將廢釹硼磁鐵視為含釹的富
礦予以回收。

其他獲獎專利尚有「廢液晶顯示器之資源回收處理裝置與
方法」，榮獲台北國際發明暨技術交易競賽展銀牌獎；「環
保省水馬桶」專利，榮獲國際創新發明大會海報競賽金牌，
同時也入圍東元科技創意競賽Green Tech決賽；另「含PVC外

李清華教授率領學生
參加2011年台北國際
發明暨技術交易展，
並榮獲銀牌。

《公益大葉》報導慈
善活動,獲得各界正
向回饋。

皮廢電線電纜之資源再生方法」專利,榮獲IIIC國際創新發明海報競賽銀牌;「廢脫硝觸媒之資源再生方法」榮獲國際發明暨技術交易競賽展銀牌獎,研究佳績不勝枚舉。

《公益大葉》揪師生行善

自2011年9月《公益大葉》(dyuerstv.blogspot.tw/p/blog-page_5425.html)創刊後,獲得各界好評,校內師生受到肯定後,不僅更強化行善動機,也號召更多同學加入公益陣容。

值得一提的是,也因《公益大葉》創刊號報導的多項慈善活動,大葉大學獲選為「2012年教育部中區品德教育特色學校」。如此豐盛的正向回饋,讓校方更加確信「鼓勵師生投入公益」是一條正確的道路,接續於2014年發行《公益大葉》特刊。

〈故事範例〉勤學盲生把人生變彩色

大葉大學資訊管理學系研究所全盲學生蔡國寶,以堅忍的毅力、求知若渴的決心,拿到碩士學位證書,並獲頒教育部「勤奮好學」獎座,當他上台領獎時,全場歡聲雷動,為他喝采。

72年次的蔡國寶是嘉義縣朴子市人,六歲時,眼前即成為永遠黑暗的世界。高職念啟明學校,而後憑著一股向上牽引的力量,從大漢技術學院、南華大學到大葉大學的資訊管理研究所。在大葉求學期間,「食衣住行」確實是大考驗,但在指導教授楊豐兆博士的貼心導引下,蔡國寶雖然看不到花花綠綠的世界,卻一直徜徉在「人生是彩色」

的氛圍裡。

蔡國寶有一股「雄心壯志」，希望能為世上所有盲生開發出一套「電腦符號使用系統」，嘉惠所有和他一樣不幸遭受身心障礙的「地球村居民」。在教育部舉辦的第11屆「電子化企業經營管理理論暨實務研討會」上，蔡國寶已提出研究論文，題目為「在使用者圖形介面中，圖像標準化分類與管理之研究」，「劍及履及」的工作態度可見一斑。

蔡國寶畢業後，被台北一家圖書電腦公司網羅擔任程式設計師。他以已身經驗勉勵學弟妹，「認真的人，絕對有工作！」

蔡國寶在導盲犬
Aspen導引下，雙雙
接受當時的教育部長
吳清基頒獎。

彰化高鐵站 看見大葉大學

除了出版專書，大葉大學也結合時事，推出形象廣告。例如，彰化高鐵站自2015年12月起開始營運，由於是彰化對外的新興門戶，且站體設計充滿現代感，已成為外地人對彰化印象的新地標，因此校方在此戰略要地，建構品牌形象堡壘。搶先設置形象燈箱廣告，成為站內第一、也是唯一的大學形象廣告，在六個月的期間內，分別展示三種不同風格，讓旅客抵達彰化高鐵站一樓大廳，就能一眼看見大葉大學。

另以公車路線銜接彰化高鐵站與大葉大學，目前已有6700公車自彰化高鐵站可抵達大葉大學，校方也爭取正建構中的彰化高鐵快速接駁公車路線行經大葉大學。

影音宣傳 塑造品牌價值感

校方並透過「影音宣傳」的整合行銷形式，運用影音、動態多媒體、電視、廣播，製作產學研發成果新聞內容，使產學研發成果得以對外宣傳，提升學校品牌形象。

大葉的最佳代言人武東星校長，於2014年受邀參加大愛電

大葉大學搶先進駐彰化高鐵站，設置形象燈箱廣告。

6700公車自彰化高鐵站可抵大葉大學。

視台《人到中年》節目,分享與年輕人溝通的技巧;同年6月底,在中廣I like Radio（FM103.3）《殷士偉的搜主意》節目,傳授如何在學校就養成出社會的必要能力,把知識變黃金。

　　透過「專業出版＋戶外媒體（燈箱）＋大眾傳媒影音宣傳」的整合行銷形式,大葉大學創造校園出版品的新世代風貌與閱覽愉悅感受,提升大學品牌價值感,也藉此將大葉大學品牌內涵,成功對外推廣。

　　展望未來,大葉大學將持續追蹤師生具體實踐事蹟,以更多創新形態,留下最完整的紀錄,作為大葉大學永續傳承的無價寶藏。

武東星校長（左三）受邀至國立教育廣播電台節目,分享大葉大學英語學系推動的「扶英計畫」,獲得許多肯定。

最貼近學生的校長
武東星的世代溝通術

態度改變一切！武東星校長就讀研究所時，即以專利研究，獲得國內外專利授權金高達五千萬元；接任大葉大學校長後，更成功帶領學校轉型，打開知名度，提升註冊率，從過去接受訪談的摘要中，可進一步了解武東星校長如何和年輕世代溝通無礙。

Q：武東星校長本身的特殊經歷？
A：過去20多年的工作經驗，大多投注在學術研究與產學合作，特別是光電應用領域，獲得政府部門不少傑出獎項，因長年歷練，在處理事務上擅於科學邏輯分析與歸納調整。

在2010年的暑假以前，「擔任大學校長」並不在我生涯規劃中，由於一些機緣與條件的鼓勵，讓我在47歲那年，接受大葉大學董事會的託付，成為大葉大學第六任、也是創校以來最年輕的校長。我希望能夠透過自身專業，為學校開創新局，讓科技知能轉化為高等教育行政、管理、領導的工作模式。

我不是校長，學生才是校長
Q：經營大葉大學的理念？
A：從接任校長那一刻起，「要開始改變」這句話，時常在我心中鞭策前行，我希望透過自身技能，能為學校帶來更多的創新與突破。

我深深體會到擔任校長，與一般企業管理人有所不同，我們身上背負著，替整個國家與社會經理人培育「菁英」的重任，學生的一切，等同與我的生命緊緊相連。

過去常理所習慣的「教授大、學生小」迷思，是教育中最需要改革的觀念，要把學生教好，我們不能忽視年輕孩子的聲音。我所秉持的就是「我不是校長，學生才是校長」，與學生共同治校，真正了解孩子的生活需求，及時給予解困。

當校長有70％的時間都在處理小事，但是小事不
處理就會變成大事，學校每件事都和校長有關係，
面對學生、家長的反應、教育部的要求、學校的決
策，都是需要在最快時間予以回應。

四肯態度，受用一生的無形資產

Q：全球大學培育人才的趨勢，以及大葉大學的發展方向？

A：面對全球化的發展，加強學生對外文能力的自信，為了讓學生擁有如同雙語學校的學習
環境，外籍教師改聘為專任老師，透過長時間接觸外文的方式，培養學生語言溝通的信心。
另外，也引進德國式師徒制方式，幫助學生培養個人專長及健全人格。

在培養技能之餘，也教導學生「態度改變一切」，培育他們擁有「四肯精神：肯學、肯做、
肯付出、肯負責」，鼓勵學生參與公益活動，讓學生在學期間也有機會付出奉獻，這些經歷
不僅培養學生肯付出的精神，也為學校關懷鄰里，並走上世界的舞台。這些正面能量，將是
學生一生都能擁有的無形資產。

Q：大葉大學下一步展望？

A：面對全球大學教育普及與社會逐漸少子化趨勢，若教學內容沒有與社會接軌，即使有多
張證照卻無實務經驗，依然不能符合企業主的需求。為了使學校更貼近產業，我們的教學內
容就是注入新血、不斷更新改變、要與社會趨勢緊密接軌。

當大學貼近產業，學生畢業就更有就業保障。目前大葉大學就業輔導的媒合率都在七、八成
以上，顯見本校學生在企業主眼中的分量，真正落實「企業夥伴型大學」的願景。

肯，才有機會

總策畫／武東星
主　編／卓仕文
插　畫／陳志隆（大葉大學多媒體助理教授）
編輯群／連水養、莊基仁、羅正忠、張智惠、楊文慶、唐國昌、
　　　　吳青倫、陳怡君、劉興效、李桂媚、陳映汝、陳彣碩

專案經理／林睿騰
編輯企劃／蔡逸群
責任編輯／張素靜
美術設計／林柏毅
整潤撰稿／陳婉箐

出版／商周編輯顧問股份有限公司
地址／台北市104民生東路二段141號6樓
電話／（02）2505-6789
傳真／（02）2500-1932
網址／bwc.businessweekly.com.tw
定價／新台幣250元
ISBN／978-986-7877-38-3
2016年03月初版
印刷／科樂印刷事業股份有限公司

國家圖書館出版品預行編目（CIP）資料

肯,才有機會 / 連水養等編輯. -- 初版. -- 臺北市 : 商周編輯顧
問, 2016.03
　　面；　公分
　　ISBN 978-986-7877-38-3(平裝)

　　1.高等教育 2.文集

525.07　105003192